あなたのお金がなくなる前に

いま、お金について知っておきたい6つの教え

本田健
KEN HONDA

きずな出版

はじめに――お金から自由になるために

「ああ、お金がない」「月末の支払い、どうしよう」「今月ピンチ！」

そんなことを言いながら、毎日生活していませんか？

残念ながら、多くの人が、そんな感じで暮らしています。それは、日本だけでなく、世界中の人が、です。

たとえば、経済大国のアメリカでも状況は同じです。

２０２２年のバンクレートのデータによると、56パーセントのアメリカ人が、「急な出費の１０００ドル（調査当時約13万円）をまかなう貯金がない」と答えています。

２０２１年の日本の調査でも、単身世帯の33・２パーセント、２人以上の世帯で22パーセントも、貯金がないと答えたそうです。つまり、世代にかかわらず、ひとり暮らしのなんと３人に１人は、ほぼ貯金がないわけです。

「いつもお金がない」と感じている人は、あなただけではありません。

興味深いのは、お金がないと感じている人の中には、高年収の人も結構いることです。

ある調査では、どの年収の層でも、「あと20パーセント収入が増えたら、生活がもう少し楽になる」と答えています。

ということは、資産や収入ではなく、お金とのつき合い方が問題なのでしょう。


いまのあなたは、お金と上手につき合っていますか？

そう言われて、「バッチリです！」と言い切れる人は少ないでしょう。

毎月のお給料や生活費の中から、節約を意識しつつ、やりくりしている。

最近の物価高や海外の経済ニュースを見て、将来のことが心配になっている。

本当はやりたいこと、買いたいものがあるけど、我慢《がまん》している。

「もっと、お金があったらなぁ」とぼんやり考えて、たまに宝くじを買ってしまう。そして、数百円ぐらいしか当たらず、がっかり。そういう人は、多いでしょう。

自分で事業をやっていたり、フリーランスの人は、普通の人よりは、お金について考える機会が多いものの、毎月の売上を上げることと、月末に経費を支払えるかどうかで、ドキドキしていたりします。

表面上うまくいっている会社でも、いえ、そういう会社ほど、売上が上がっているにもかかわらず、その分の経費がかさんで資金繰《ぐ》りが厳しくなるということもあります。そうなれば、お金にまつわる心配やストレスは、避けて通れません。

なぜ、多くの人が、お金と上手につき合えないのか。その謎をこの本で明らかにしていきたいと思います。

「お金」とは、つき合うものではなく、少し遠くから眺《なが》めているだけ、どこかにあることは知っていても「自分の手元には全然ない」という感覚を持つ人は多いでしょう。

お金はあったらあったで面倒が起きたり、増やしていたつもりが、全部を失うことになったりして、「やっかいなものだなぁ」と思っている人もいるかもしれません。

お金についてのこれまでの常識が変わってきつつあります。

新円切り替え、預金封鎖《ふうさ》、銀行消滅……。

この時代に、あなたは準備ができていますか？


私がお金とつき合い始めて、かれこれ50年以上がたちます。私が5～6歳の頃から、税理士だった父親に、お金について教えを受け、20代で自分のビジネスを始めました。

お金やビジネスについて教え始めて、もう30年近くになりますが、何千、何万人の男女と向き合ってきました。人がお金の心配をしたり、お金でトラブルを抱《かか》えたり、お金から自由になっていく姿をたくさん見てきました。その過程で、こうやったらうまくいくという方法を自分で試して、まわりにもすすめてきて、一定の成果を得ました。

これまでに、いろんな先生について、お金のことを教えていただきました。私の「先生」の中には、億万長者もいたし、破産してしまった人もいます。いろんなタイプの先生についたことで、逆にお金のことがよくわかった気がします。

私がお金について「なぜなんだろう？」と思ったことへの答えを、この本のあらゆるページに書きました。なので、あなたがこれまで不思議に思っていたことが「そういうことだったのか！」という感じで理解できるようになると思います。

この本を読んでもらえば、お金に対する謎が解《と》け、どうして自分は上手にお金とつき合えなかったのか、これからどうすればいいのかがわかると思います。

読み進めていくうちに、ワクワクしたり、悲しくなったりするかもしれません。それは、お金というテーマが、あなたの中に潜《ひそ》んでいる、いろんな感情を引き出すからです。

この本で他の人の例を聞いたりするうちに、家族や子どもの頃のことを思い出したりして、あなたを癒《い》やしの旅へと導いてくれると思います。

さあ、お金から自由になる旅を一緒に始めましょう。

CONTENTS

はじめに――お金から自由になるために　3

プロローグ

「いつもお金が足りない」と感じるのは、なぜ？

「お金がもっとあったらいいのになぁ」と考えていませんか？　18
大多数の人が、お金から自由になれないのは、なぜ？　21
なぜ、あなたの手元には、お金が十分にないのか　23
お金の問題は、2つしかない　25

1

「お金のゲームをプレーさせられていること」に気づく

マネーゲームへようこそ　30
あなたの行動を制限する「お金のストレス」とは？　35
自分へのごほうびが、未来のお金のストレスの原因になる？　38
お金のゲームのせいで、不幸になる人が多い8つの理由　41
「お金のゲーム」から脱出するには何が必要？　48
お金から感情的、経済的に自由になるには？　50
お金のストレスの多くは、感情のストレスから来る　52
一つだけの収入で生活することのリスクは大きい　56

2

あなたは浪費家？ 貯めすぎ？？ 自分の「お金のタイプ」を知る

あなたの「お金のタイプ」によって体験する人生が変わってくる 62
お金のＩＱ、お金のＥＱについて 66
「浪費家タイプ」と「節約家タイプ」 69
「稼ぐのが大好きタイプ」 76
「僧侶タイプ」と「ヒッピータイプ」 80
「ギャンブラータイプ」と「心配性タイプ」 85
お金のタイプは、その人の状況と組み合わせによって変わる 90

3

自分の「お金の設計図」を書き換える

あなたのお金の「設計図」に描かれているもの 94
現在を理解するために、過去を観察する 97
お金の設計図が教えてくれること 99
自分の仕事とお金のパターンをふり返ってみる 103
「受け継がれた観念」を分析する 106
「豊かさマインド」を引き出す考え方 110
自分が生きている世界をどう見るか 114
チャンスを呼び込む新しい選択 117

4

「お金のゲーム」のルールをマスターする

お金のゲームのルールとは？　122
お金のルールは10年に一度、大きく変わる　127
30年に一度、お金のルールは大激変する　131
いよいよ大変化の時がやってくる！　135
新しい時代への準備を始めよう　139
有形資産、無形資産がどれだけあるか、チェックしておく　141
いまの「有形資産」を未来の「無形資産」に替えていく　144
100年に一度の備えはできてますか？　147

5

お金にまつわる「過去の自分」を癒やす

私たちは、お金のことでいっぱい傷ついてきた 152
よくあるお金のドラマ「借金と破産」「離婚」「いじめ」 154
子どもの頃に何が起こったかを等身大に理解する 160
私自身の癒やしのストーリー 165
両親、祖父母の人生の苦労を想像してみよう 168
過去の痛みを癒やし、自らつくった制限をはずす 170
許しのプロセスで、お金との関係を浄化する 172
お金のストレスは「人生の課題」をはっきりさせてくれる 175

6

お金と、新しく出会い直す

お金とのつき合い方が変われば、人生は変わる　180
あなたにとって「お金よりも大切なもの」は何ですか？　182
将来のお金のかたち　184
いろんな「お金の流れ」をエネルギーとして感じてみる　188
ハッピーマネーを人生に呼び込むために、あなたができる5つのこと　191
「お金」に制限されない生き方を始めよう　203

おわりに――今日から、本当の自分の人生をスタートさせよう　209

いま、お金について知っておきたい6つの教え

プロローグ

「いつもお金が足りない」と感じるのは、なぜ？

「お金がもっとあったらいいのになぁ」と考えていませんか？

いろんな人に、お金について聞いてみると、いちばん悩んでいることは、どんな人でも、「お金が十分にない」ということでしょう。

これまでに、取材のために、たくさんのインタビューをしてきましたが、主婦、学生、会社員、実業家も、それぞれ違った種類のお金の問題を抱えていました。主婦や学生は自由に使えるお金が十分にないことが不満の種だし、会社員は、お金のために「好きでもない仕事を続けないと、生活ができないこと」がストレスの原因になっています。

フリーランスの人や実業家にとっては、それぞれの金額は違うものの、毎月の売上をつくっていかなければいけないプレッシャーは、とても大きいようです。

どの人にも共通するのが、必要な「お金が少し足りない!」ということです。小学3年生でも、大学生でも、35歳、45歳、55歳、65歳も、それぞれの立場で、「お金がもっとあったらいいのになぁ」と思っているのです。

そして、それぞれに切実《せつじつ》です。小学生は、「お小遣《こづか》いがもっとあったらいいのに」とため息をついています。お小遣いを値上げしてもらえたら、欲しかったオモチャが買える、ゲームのアイテムが買える、友だちともっと遊びに行ける、からです。

もう少し大きくなったら、習い事をする、塾に行く。留学する。私立の高校に行く。東京の大学に行く。そんな夢のために、**「うちにもっとお金があったらなぁ」**となります。

社会人になると、お金まわりがよくなるかというと、そうではありません。この時期、海外旅行、エステ、プチ留学、結婚、独立など、人生でやりたいことのすべてにお金がかかります。どれ一つとっても、結構な金額がかかることを考え、ため息が出ます。

いまの給料では、とうてい、どれも難しいからです。

かといって、転職するのも大変そうだし、転職したからといって、そもそも給料がアップするかどうかの保証はありません。ましてや起業となると、自分には、その能力も、勇気もない感じがします。

そこで、「ああ、宝くじ当たらないかなぁ」などとぼんやり考えてしまうのです。大学院を目指したり、簿記学校、ＭＢＡなど、キャリアアップすることも、頭をよぎりますが、そのすべてにお金がかかるし、残業続きのライフスタイルでは難しいでしょう。

そうこうしているうちに、人生は過ぎていきます。結婚したり、子育てが始まれば、もう考えるひまなんてありません。「１分でもいいから、自分の時間が欲しい！」と言った女性がいましたが、家事と育児に、溺《おぼ》れるような毎日をすごすことになります。

お金に関しては、節約することは意識しても、大きく投資するとか、自分のためにドンと使うことは、なかなかできないのです。

書店で、お金の本がずらっと並んでいるのを見たりすると、お金と向き合わなくちゃいけないと一瞬思ったことがあるかもしれません。でも、なんとなく何もしないまま、いまに至ってしまった人は、案外多いのではないでしょうか。

大多数の人が、お金から自由になれないのは、なぜ？

あなたは、お金について、いままで真剣に考えたことがありますか？

私の観察では、普通の人がお金から自由になれない最大の理由は、「人生で、お金と真剣に向き合ってこなかった」からです。

普通の人は、「**生活していけるくらいのお金があればいい**」と思っています。

何か困ったことでもなければ、真剣にお金について考えようとしないものです。

その理由を、ある女性の相談者が言っていました。

私がどうして、お金のことを真剣に考えないのかを聞いたら、彼女は、「だって面倒くさいじゃないですか、お金のことを考えるのって。カッコ悪いし……」と言ったのです。

心当たりのある人もいるでしょう。

「お金のことを真剣に考える」とは、お金と向き合うということです。

なぜ、いまの自分にはお金がないのか、また、お金の問題のせいで、どれだけ人生がつまらなくなっているのかについて、突き詰めて考えるということです。ほとんどの人が、この作業をしません。

お金を使うことばかり考え、「お金がもっとあったら、いろいろできるのになあ」とぼんやり夢を見て、日々をすごしています。

そのわりに、自分の人生を真正面から捉《とら》え、仕事、お金などの人生の大切なことを見直して変えていこう、なんてことは考えないのです。

このことが、普通の人が「**お金に縁のない人生**」を送ることになっている理由です。

将来、お金から自由になりたければ、仕事、お金、人間関係など、考えなければいけないことがいっぱいあります。

なぜ、あなたの手元には、お金が十分にないのか

ふだんから節約を意識しているのに、「月末にはお金があんまり残らないなぁ」と感じている人は、けっこう多いのではないでしょうか?

そんなに給料が安いわけではないし、ボーナスもちゃんと出ているのに、なぜ?

たくさん稼いでいる人の中にも、そう考える人はいます。

ましてや、給料がそんなに高くなかったり、ボーナスがもらえていなければ、毎月「**どこにお金は消えたんだろう?**」と感じるのは、当たり前かもしれません。

なぜそういうことが起きるかというと、収入と支出のバランスが悪いからです。

収入は限られているのに、最低限の出費だけでも結構あります。

家賃や住宅ローン、食費、光熱費、通信費、保険料。そういう経費を払っていったら、自由に使えるお金が、そもそも月末にはあんまり残らないはずです。

一方で、お金を使いたいことは、たくさんあります。新しいものを買いたいし、学びたいこと、行きたい場所がいっぱいです。最低限の生存していくためだけなら、そこまでお金がかからないかもしれませんが、少し贅沢《ぜいたく》してみようと思ったり、興味があることをやり始めたりすると、あっというまに、出費は雪だるま式に増えていきます。

お金のことを考えずに、「好きなことをやって自由に生きる」なんて、夢の世界に感じられる人も多いでしょう。

ですが、**いま経済自由を手に入れている人も、ゼロからスタートしています**。

専業主婦だったり、普通の会社員や公務員として、社会人生活を始めたのです。途中から、何かのきっかけで人生の針路《しんろ》を変えて、現在の幸せな生活に進んでいます。

「自分も、お金から自由になれるかもしれない」「将来はお金持ちになれるかもしれない」と自らの可能性を少しでも見てみましょう。

お金の問題は、2つしかない

お金は、複雑に考えると、いろんな要素があって、訳がわからなくなります。

煎《せん》じ詰めると、個人のお金に関しては、問題は2つしかありません。

それは、「収入が少なすぎること」と、「お金を使いすぎていること」です。

収入が少ないと、やりくりが難しくなります。最低賃金に近いお給料で働いていれば、月末にお金が残らないのは、当然でしょう。


「収入を上げること」と「出費を減らすこと」の2つを意識すれば、あなたの経済状態は確実に変わっていきます。

これまで、単純に仕事をこなすだけの人生だったのが、「どうやったら、収入をアップできるか」と考え始めることで、仕事と向き合えるようになります。

そのためには、自分が得意なこと、才能があることをやらないとダメだということが、わかってくると思います。

イヤなことに長い時間をかけるよりも、得意で楽しいことをやったほうが、結果も出やすいし、収入もアップしやすくなるでしょう。

一方で、結構お給料をもらっている人でも、月末にお金が残らない人がいます。その原因は、ひと言で言うと、収入のわりに、「お金を使いすぎているから」です。

話を聞いていると、「お金がない人ほど、買い物が大好き」です。お金を使うことが、いいストレス解消になるからです。

英語では、「買い物セラピー（retail therapy）」という言葉があるのですが、買い物をすることが、ふだんのストレス解消&癒やしになるという意味です。

あなたにも、買い物をした後、すっきりしたという体験があるのではないでしょうか？買い物は、多くの人にとって、気分転換になり、ストレス解消になるというのは、いろんなデータでもわかっています。

ただ、それがいきすぎると、どれだけ稼いでも、お金が手元に残らなくなってしまうのです。あなたも、１００円ショップで、使わないものをいっぱい買ったりしてませんか？

そういう人にとってのおすすめのアファメーションは、

「これを買わなかったら、自分は死んじゃうかな？」

たいていの場合、死なないはずです（笑）。そうやって、支出を減らせば、月末に少し余裕ができるでしょう。

こんな感じで、本書には、たくさんのお金に関する新しいものの見方を紹介していきます。

これまでに会ってきたメンター（人生を変えてくれる師匠のような存在）から受けた教え

を「6つの教え」として、みなさんにわかりやすく、お伝えする予定です。
たった一つの考え方が変わるだけでも、人生は劇的に変わることがあります。
この本は、私が半世紀にわたってお金について学んできた集大成です。

1 「お金のゲームをプレーさせられていること」に気づく
2 あなたは、浪費家？　貯めすぎ？？　自分の「お金のタイプ」を知る
3 自分の「お金の設計図」を書き換える
4 「お金のゲーム」のルールをマスターする
5 お金にまつわる「過去の自分」を癒やす
6 お金と、新しく出会い直す

それぞれの章には、あなたの人生を変えてしまうような考え方が詰まっています。
ぜひ楽しんでください！

1

「お金のゲームをプレーさせられていること」に気づく

マネーゲームへようこそ

あなたが知らないうちに、なかば強制的に「お金のゲームをやらされてきた」と言われたら、どう思いますか？

お金のゲームをやっているのは、不動産とか、株に投資しているお金持ちだけのことで、自分は普通の会社員だから、主婦、学生だから、関係ないと思っているかもしれません。

ですが、**現代を生きている限り、当然のように、お金のゲームに巻き込まれています。**

食べ物や飲み物を買うのにも、お金がいります。

衣食住すべてにお金がかかります。電気、水道、ガスもお金が必要。ちょっと遠くに行くにも、バスや電車にお金を払わなければなりません。

1 「お金のゲームをプレーさせられていること」に気づく

「お金と関わるなんてイヤだ！」と言ったところで、誰も認めてくれません。

これは日本に限ったことではなく、アメリカでも、中国、インド、アフリカ、ヨーロッパ、イスラム圏でも、みんな毎日「お金」を使っています。

世界中の人が、自分の手元にお金があるかどうかで、一《いっ》喜《き》一憂《いちゅう》しています。犯罪や戦争でさえも、お金が原因で起きることが多いのは、誰でも知っているでしょう。

家族や夫婦ゲンカ、友人とのトラブルだって、お金がらみであることが多いのです。

逆に、お金があれば、生活も楽になるし、欲しいものが買え、好きなところに行ける。

「だから、お金がもっと欲しい」というのは、みんなの本音でしょう。

お金は、幸せの原因にも、不幸の原因にもなります。だから、私たちは、お金が欲しいと思う反面、お金とはあんまり関わりたくないとも思っています。

お金に対しては、複雑な思いを抱えている人が多いのです。

以前、『「ザ・マネーゲーム」から脱出する方法』（ロバート・シャインフェルド著、VOICE刊）という本を翻訳しました。スピリチュアルな世界では有名な本ですが、その中に、次の

「2つの真実」が記述されています。

❶「マネーゲームに勝者はいない」

❷「マネーゲームは、完全な失敗をつくりだすために設計されたものである」

筆者によると、「私たちは、ごく小さい頃から、マネーゲームに無理やり参加させられてきた」のです。

物心つく頃には、好きなものを買ってもらえない、お金のことで両親がケンカする、ということを経験しました。小学校に行くようになると、自分の家にお金があるかどうかが、なんとなくわかってくるものです。友だちの家に行ってみたら、すごく大きな家だった、小さなアパートだった、といった感じで、自分の家の経済状態を知るのです。

小学生でも高学年になってくると、お小遣いの金額は死活問題になります。なぜなら、お小遣いの金額で友だちと一緒に、お店に行ったりできるかどうかが決まるからです。みんながハンバーガーとかコーラとかを注文するのに、自分は水だけというわけにはいかないでしょう。最近は、ちょっと遊びに行くにも、お金がなければ何もできません。

あなたのお小遣いが少ないせいで、友だちのほうでは「誘ったら悪いな」と思って、疎《そ》遠《えん》になってしまったということも、あったかもしれません。

両親に対して、「○○君のお小遣いは○○円なんだよ！」と言って、お小遣いの賃上げ交渉をした思い出は、誰にもあるでしょう。私にもあります。

中学生になったら、塾や習い事に行くかどうか、キャンプや旅行も、家にお金がなければできません。両親が仕事で忙しいと、何の思い出もない夏休みになります。

もし、自分の家が普通の経済状態なのに、お金持ちが住む地域に住んだり、私立の学校に行ってしまったりしたら悲劇です。友だちは皆、夏休みに家族でハワイとかヨーロッパとか海外旅行に行っているのに、あなたは近所のプールにさえ、連れていってもらえなかったかもしれません。

高校に入ったら、進学をどうするかも、家の経済状態で決まります。大学に行けたとしても、こんどは就職でドキドキすることになります。

社会人になって、恋愛や結婚をしようとしても、お金がないと、二の足を踏む人はたくさんいます。実際に、年収が低いと、男性も女性も恋愛に苦手意識を持つようになります。

結婚して子どもが生まれたら、新たに教育費、家のローンなどの心配が増えます。

子どもが無事に巣立っても、次には老後のお金の不安があったりします。

そう。お金のゲームから、一生逃げられない人がたくさんいるのです。

では、インスタ映えするセレブの人たちなら、マネーゲームの勝ち組っぽい感じがしますが、どうでしょうか？

ある程度成功した人も、じつはけっこう大変です。

収入が3倍に増えると、たいていは支出も3倍に増えます。

ふだん着る服、化粧品、行くレストラン、家、車、旅行先のホテルなど、すべてをアップグレードしてしまうからです。気がついたら、収入はすごく増えたのに、支出も大幅に増えて、「月末にあんまりお金が残らない状態」は変わらないままになります。

あなたの行動を制限する「お金のストレス」とは？

一般的に、ストレスが人に与える影響は人それぞれです。

同じことが起きても、あるタイプの人はそれに対して大きなストレスを感じる一方で、他の人にとっては、まったく気にならないことだったりします。

お金のことでストレスを強く感じるときには、お金に人生を支配されている感じがするでしょう。気をつけないと、お金のストレスは、あなたにとっての大切なものを奪《うば》います。

お金のストレスをときどき感じるという人は、ある程度幸せな人生を生きていると言えるでしょう。でも、人生の節目《ふしめ》で、望まない選択をしている可能性もあります。

ふだん、お金のストレスをあんまり感じないという人は、自分の人生がお金によって制限されたり、束縛されたりしていないような感じがしているかもしれません。

でも、それは、いまのライフスタイルを送っている限り、という限定であって、本当にやりたいことを始めたら、急にお金のストレスを感じるようになるかもしれません。

理想は、経済状態に影響されることなく、本来の自分らしく生きられることですが、そういう感じで生きられている人は、この地球上では、1パーセントもいないでしょう。


お金のストレスには、自分の行動を制限したり、制約したりするものがあります。

安定した収入を維持するために、イヤな仕事を続けている人はたくさんいます。

「いまの仕事を辞《や》めたい」「別の会社で働きたい」「まったく新しいことを始めたい」と思ったとしても、収入が減る不安のために、必要な変化を起こせないのです。

私たちを制限するもう一つの「お金のストレス」は、必要以上の出費をおさえ、お金のかかることを望まないように、知らないうちに自分自身にかけるプレッシャーです。

もしもお金がたくさんあったら、好きなことに自由にお金を使っていることでしょう。

でも、お金が減ることがイヤなので、本当に欲しいもの、やりたいことを自分に与えないようにしてしまいます。パーティーや旅行に誘われても、「お金がかかるから」という理由で断ってしまうことがありませんか？

「お金さえあれば、いま抱えている問題のほとんどが解決できる」と考えているとしたら、それこそが「お金のストレス」だということに、気づいてください。

そもそも、お金そのものが、問題の原因でありません。一見すると、お金の問題に見えますが、実は人生の別の問題であることが多いです。

お金の心配ばかりしているのは、その人のセルフイメージが低く、将来、ネガティブなことが起きたらどうしようと恐れているからです。それは、未来への信頼の問題です。

お金に関する家族間の言い争いや友人間のトラブルの原因、そして解決すべきなのは、コミュニケーションや人間関係の問題です。

私たちは多くの問題をお金のせい（あるいはお金がないせい）にしがちですが、本当の原因を見極めない限り、その問題から抜け出すことはできません。

自分へのごほうびが、未来のお金のストレスの原因になる？

毎月の出費をおさえ、住む場所にかけるお金を少なくする、ということに抵抗があるという人は多いでしょう。

なぜなら、どんな人にも、「最低限これは欲しいなぁ」というレベルがあるからです。

また、「頑張っているから、自分へのごほうび」というのも、よくありません。

そういう考え方では、「自分のお金で、自分の未来のお金のストレスを買っている」ようなもので、このことを多くの人はわかっていません。

月末にお金がなくてドキッとするという「お金のストレス」と、自分の稼いだ貴重なお金を交換しているのです。もう少し説明しましょう。

世界を講演旅行してきて気づいたことですが、どの国でも中流階級の人々は、「自分には一定の生活水準を享受《きょうじゅ》する権利がある」と感じています。そして、自分たちの人生は、「いまの仕事さえやっていれば、すべてがうまくいく」と、錯覚《さっかく》して生きています。

それは、まわりの人もそんな感じだから、そう思い込んだだけで、正常化バイアスです。

実際の数字から見ると、**破産寸前の経済状態にもかかわらず、自分が勝手に決めた「基本的なニーズ」に対する支出を止められない人がけっこう多い**ことがわかります。

ほんの一世代前までは、多くの人が外食をする余裕がありませんでした。外食という贅沢は、運がよければ月に1回、貧しい家では、年に1回程度だったかもしれません。

いま、私たちは、週に1回は気軽に外食にいけるような気がしているし、そうしている人も多いでしょう。そうしたければ、「週に何回だって、外食する権利が自分たちにはある」と思い込んでいるのです。

外食や旅行などの贅沢に予算の多くを費やすと、手元のお金が減り、金銭的ストレスが増えることになります。

この問題の核心は、「自分には贅沢する権利があるという感覚」です。

単刀直入に言えば、誰も、あなたにそんな権利をくれたわけではないのです。

私たちは生活の中で、多くのものがあって当然だと考えがちですが、その収入では、それは難しいということを理解していません。実際のところ、ある程度以上の収入がないと、誰もが欲しがるおしゃれな住まい、洋服、ものを手に入れる権利は、ないのです。

世界中の先進国で中流階級が消滅しつつあるのに、「自分が中流階級で育ったからいまもそうだろう」という幻想が、まだ多くの人に残っているのです。

残念ながら、この話題は人の感情を逆なでするようなところがあって、もし私が政治家だったら、たちまちＳＮＳは、炎上してしまうでしょう。

少ない収入だと、「いい家や基本的なニーズを満たす権利がない」というのは、私たちに、人間的な価値がないという意味ではありません。

実際には収入がないのに、「それぐらいあって当然だ」という感覚で生きていると、ただ単に、月末に残るお金が少なくなってしまいますよ、ということです。

お金のゲームのせいで、不幸になる人が多い8つの理由

では、なぜ、お金のゲームにいったん巻き込まれると、つらく苦しいのかを説明してみます。簡単に言って次の8つの理由があります。

❶ 何がゴールで、どうしたらゲームに勝ったことになるのか、誰もわからない
❷ 本人が望まなくても、マネーゲームをプレーさせられる
❸ お金のゲームのルールはコロコロ変わる
❹ お金のゲームのルールブックがない
❺ 何度も負けてしまうので、ゲームそのものがイヤになっちゃう

❻ 勝つ人よりも、負ける人のほうが圧倒的に多い
❼ 両親など、下手なプレーヤーが多く、いい先生が少ない
❽ ゲームの終わりがなくて、死ぬまでプレーさせられる

それぞれについて説明していきましょう。

❶ 何がゴールで、どうしたらゲームに勝ったことになるのか、誰もわからない

お金のゲームのつらいところは、どうしたら勝てるのかがわからないことです。たとえばゴールは、1000万円貯めたらいいのか、5000万円、1億？……どれくらいの収入があればいいのか？　そういう明確なゴールがわからないので、ダラダラとゲームを続けるしかありません。一時的に勝った気分になっても、すぐに失敗した感じにさせられてしまいます。野球なら、9回プレーすれば、だいたい終わります。でも、お金のゲームは、ずっとプレーすることになるので、たいていは、どこかで負けてしまうのです。

❷ 本人が望まなくても、マネーゲームをプレーさせられる

お金のゲームは、ごく小さい頃から始まります。

「クリスマスに何が欲しい？」と5歳の子どもに聞いたら、オモチャとか洋服とか、具体的なものが出てきます。でも、小学校高学年になったら、「まだ決まってないから、お金でいいよ」という子が現れます。お金が何にでも形を変えられる万能の存在だということを理解するからです。

ごく小さい頃から、お金のゲームに参加させられて、自給自足の生活でもしないことには、プレーを続けることを強制されることになります。

❸ お金のゲームのルールはコロコロ変わる

これは、後にもう少し詳しく話しますが、お金のゲームは、ルールがコロコロ変わって、勝ち続けるのが難しいのです。数年に1回マイナールールが変わり、10年に1回、大きなルールが変わります。その変化についていけないせいで、人はお金を損します。

❹ お金のゲームのルールブックがない

お金に対して、ルールが明確に書かれた本は存在しません。

お金に関して、日本人が学ぶことは、たいてい3つしかありません。「無駄遣《むだづか》いしてはいけない」「貯金しなさい」「保証人になるな」ぐらいでしょう。

収入をどう増やすか、支出をどう減らすか、お金をどう増やすかには、いろんな方法がありますが、どうしたらいいという明確なルールは、あるようでないのが問題です。

❺ 何度も負けてしまうので、ゲームそのものがイヤになっちゃう

これは、多くの人が感じていることではないでしょうか。小さい頃から何度も叱られて、自分でも失敗して、お金のことを考えるのがイヤになった人は多いと思います。

お金のことで間違った判断をしたりして、失敗する。それでいい気分になれる人はいません。最悪の気分を味わわされるので、もう何も考えたくないと感じてしまうのです。

仕事に対して、頑張ろうという気持ちが20代の頃はあったかもしれません。あるいは、

家族ができて、養育費などのために仕事を一生懸命しようというモチベーションを持てたときもあったかもしれませんが、それは、長続きしないものです。

❻ 勝つ人よりも、負ける人のほうが圧倒的に多い

『「ザ・マネーゲーム」から脱出する法』にも書かれていますが、お金で負ける人、あるいは負けた気分になる人がたくさんいます。自分がお金のゲームに勝ったと感じている人は、ごく少数でしょう。

たとえゲームに勝ったと思っても、もっと勝っている人が必ずまわりにいます。お金のゲームの難しいところは、お金のストレスを感じた時点で負けたようなものなので、プレーヤーの大多数が、失敗した絶望感を痛烈に感じることになることです。

❼ 両親など、下手なプレーヤーが多く、いい先生が少ない

あなたのまわりには、お金のゲームを上手にプレーしている人は、誰かいますか？

ほとんどいないのではないでしょうか？

あなたの両親は、お金を上手に稼いだり、受けとったり、あげたりしていましたか？お金でケンカしたり、イライラしたり、節約でピリピリしていたとしたら、「ああはなりたくないなぁ」と思ったかもしれません。

英語の教育もそうですが、お金のことに関して教えられる人がいないのも、問題です。英語が話せない人が先生になっているのと同じで、大学を卒業して、すぐ学校の先生になった人が、お金について教えられないのです。

❽ゲームの終わりがなくて、死ぬまでプレーさせられる

これが、マネーゲームが苦しい最後の理由です。

60歳とか65歳の定年とともに、お金のことをまったく考えなくてよくなったら、どれだけ楽になるでしょうか。残念ながら、70歳、80歳になったら、お金のことから解放されるかというと、そういうわけにはいきません。

孫が留学するからお金が必要だとか、50代になった子どもが、リストラされたり、事業に失敗したりして、仕送りが必要になるとか、お金のことでの心配はつきません。

自分が死ぬときでも、遺《のこ》される家族のことを考えて、お金のことを心配する人もいると思います。死んでようやくマネーゲームから解放されるのです。

いかがでしたか？　自分も、いつのまにか「お金のゲーム」をプレーさせられていることを聞いて、少しビックリした人もいるかもしれません。でも、説明を受けて、なるほどなぁ、と思った人も多いでしょう。「普通に生活を続けることがこんなに大変だったのは、なぜなのか」、隠された理由がわかってきたでしょうか。

わかったからといって、「もうやめます！」というわけにはいきません。

資本主義の現代に生きる限り、「お金のゲームをやめる」ことはできないのです。

あなたができるのは、上手にプレーして、お金のゲームに翻弄《ほんろう》されないことだけです。

「お金のゲーム」から脱出するには何が必要？

私たちが「お金のゲーム」に踊《おど》らされていることは、理解できたと思います。

そして、みんながこのゲームから脱出したいと願い、もがき、苦しみ、悩んでいます。

いろいろと考えた結果の解決策は、人によってさまざまです。

「たくさんお金を稼げば、お金のことを考えなくてすむはずだ」と考えて、一生懸命に仕事をして、収入を増やそうとする人がいます。でも、そうすると、心身ともにプレッシャーがものすごく、病気になったり、ウツっぽくなります。

一方で、「頑張って節約してお金を貯めようとする」人もいます。でも、それでは、解決策にはなりません。お金の不安は少し減るかもしれませんが、やりたいことを自由にできるようになるほどの金額は貯まらないでしょう。

宝くじを買う。これも、お金から自由になりたい人にとっては、ついやってしまうことかもしれません。宝くじが当たればすごいですが、たいていは数百円当たって終わりです。

そんな感じで、なかなか、お金のゲームの脱出ルートは見つからないのです。

では、何をやれば、マネーゲームから脱出できるのでしょうか？

❶お金のことをもっと知る

❷お金と感情の結びつきを学んで、翻弄されない

❸自分の才能を見つけ、磨きをかけることで、稼ぎ力をつける

❹お金の実務的な知識を身につけて、お金を稼ぎ、十分な収入と資産をつくる

❺時代の流れを読んで、経済的な大きな潮の流れを読む

こういったことで、お金のゲームから脱出することができます。

お金から感情的、経済的に自由になるには？

一生使い切れないお金があっても、それだけでは、お金から自由になれません。

もし、お金の知性（ＩＱ）が足りなければ、お金があっても、変なものに投資したり、騙《だま》されたりして、あっというまにお金が消えてしまうことがあります。

また、お金と感情的に健康な距離を保てなければ、お金を失ってしまったりします。

お金のゲームから脱出するためには、「経済的に自由になること」と、「感情的に自由になること」の2つが必要です。

経済的な自由とは、十分な資産と収入があり、何があっても大丈夫な状態です。守りもバッチリで、時代の変化にも対応できるだけの知識があれば、完璧です。

感情的自由とは、お金に振りまわされず、冷静に対処できるだけの感情的知性（EQ）があることを意味します。見栄のためにお金を使うとか、儲けてやろうと欲を出して失敗する人は、この感情的知性が足りないわけです。

「感情的に振りまわされる」というのは、ポジティブな場合も、ネガティブな場合もあります。ポジティブすぎると、過剰《かじょう》な自信を持ってしまい、自分は何でもできそうな感じになります。そのうち、拡大志向で事業を大きくしすぎて、失敗したりするのです。

感情的にネガティブすぎても、それだとお金も人生も楽しむことはできないでしょう。

残念ながら、経済的自由、感情的自由のいずれも、そう簡単には手に入らないものです。

「**どうしても自由になりたい！**」と思う気持ちだけでなく、具体的な努力も必要です。

21世紀の現在でも、両方の自由を持っている人は、世界の人口のごく数パーセントです。そして、その大半が70代以上です。もし、あなたが若くして2つの自由を手に入れたければ、まわりの人と違うユニークな生き方をしなければいけないでしょう。

お金のストレスの多くは、感情のストレスから来る

お金のストレスは、決してお金そのものではなく、お金にまつわる出来事に対する私たちの考えや感情から来ます。

ストレスの多くは、感情的なものから起きます。

ある状況を目にしたり、その状況に陥《おちい》ったとき、私たちは、そのことに対して起きる感情のエネルギーの激しさに圧倒されるのです。

お金のストレスのせいで、圧倒的なパワーに支配されたり、自分の人生のコントロールを失ったように感じたりすることがあります。

お金に翻弄されていると、それを感じてしまうのです。

何か恐ろしいことが起きそうな感じがするけど、自分にはそれを止める力がないと感じてしまいます。そこには、無力感や絶望感が生まれます。

たとえば、毎月の生活費を稼ぐために働いている多くの人にとって、今の給料が減る、または支給が遅れたり、もらえなくなると考えただけで、大きなストレスになります。

私たちの頭の中では、事態が最悪のシナリオへと暴走していくのが見えるのです。その未来では、収入源を失い、家賃や住宅ローンを払えずに住む場所も失い、路頭に迷います。食べ物を買うお金もなく、路上でホームレスになり、寒空の下でマッチ売りの少女のように死んでしまう自分がリアルに見えてしまいます。

私たちの頭の中にあるこのシナリオが、現実的かどうかは問題ではありません。たった一度の給料の遅配や会社が潰《つぶ》れるかもしれないという噂《うわさ》を聞いただけで、私たちは一瞬で、そういう恐ろしい未来を連想してしまうのです。

それは、まだ実際には起こっていないのに、私たちはそれが避けられない運命であるかのように「予感」してしまいます。

そういった想像力の、ネガティブな方向への暴走が金銭的ストレスの原因です。財布を失くしたり、ローンやカードの支払いが一回滞《とどこお》ったり、家賃が引き落としできなかったりしただけで、この世の終わりだと感じてしまいます。

それは、私たちの頭の中で、すでに悪夢のようなシナリオが展開され、もうそれは避けられないと錯覚するからです。

あなたが小さい頃、お金を無駄遣いしたとき、両親に叱られたことはありませんか？

あるいは、あなたが他より高い値段で何かを買ってしまったことをパートナーが知って、怒鳴りだしたりします。無駄遣いが犯罪のように扱われるのは、「お金を失うという、とんでもない失敗をしてしまった」という共通認識のせいです。

数十円や数百円を無駄にしたとして、そこまで怒るほどのことでしょうか？

数万円を失ったとしても、それは、人格を否定するほど責めるようなことでしょうか？

気をつけないと、お金のストレスは、あなたの大切な人間関係、友人関係をダメにしたり、あなたの心の平安を奪う可能性があります。

ストレスのもう一つの原因は、「お金と自分の生命エネルギーを等価交換で見てしまう」ことから来ます。

仕事で1時間に2000円稼いでいる人にとって、その金額を失うことは、人生の1時間を失ったことになります。1時間という時間を自分の生命と見てしまうからです。だから、1万円を損したり、浪費すれば、5時間分の命を失うことになります。お金を失うことは、文字通り、身体の一部をむしり取られるような喪失感を覚えるのです。

もしあなたがすでに裕福で十分なお金を持っているなら、1万円を失っても、相対的に見ればそれほど痛くはないでしょう。

でも、生活費をやりくりし、10円でも節約したいときには、大きな痛手と感じます。失われたお金をなんとなく労働時間で計算して、「**自分の生命力のエネルギーが無駄に失われてしまった**」ことに、動揺してしまうのです。それが、あたかも自分自身の貴重な一部を失うような痛みなので、オーバーに反応してしまうのでしょう。お金を損したとき、「痛いなぁ」と感じるのは、そういう理由です。

一つだけの収入で生活することのリスクは大きい

すでに経済的に自由を得ている人は、幸せで豊かな生活を楽しんでいます。そういう人は、資産もいっぱいあるので、収入源を一つ失っても、差し迫った危機を感じません。

ですが、普通の人は、いまの収入源を失うことを考えただけで、真っ青になるでしょう。たいていの人は、毎月たった一つの収入源に頼って生活しているからです。

もし、あなたが「収入源は一つしか持ってはいけないものだ」と思い込んでいるとしたら、現状を変えるための行動を起こすときです。

現代の給与体系は、人が普通に生活できるように、ちょうどいい金額になっています。だから、生活には困らなくても、給料だけで余裕が持てるわけではありません。

これは世界の歴史を通じてそうだったし、いまもそうです。

100年前に比べたら、いつも食卓に食べ物が並ぶことだけでも素晴らしい贅沢ですが、私たちが、それ以上望んでいるのは間違いありません。

まわりの人たちと同じように、少し贅沢したり、温泉や海外旅行なんかも楽しみたい。

そして、「プチ贅沢は、基本的な人権だ」ぐらいに考えている節があります。

そのため、私たちの収入の金額は限られているにもかかわらず、買いたいもののリストは果てしなく長くなり、知らないあいだに、どんどん項目が増えていきます。

もし、ティーンエージャーの子どもが家にいたら大変です。小さい頃はよかったのに、10代になったら、欲しがるオモチャも、スマホも、桁違いに高くつくことになります。

収入は変わらないので、リストから何かを削《けず》らない限り、いつまでも貯金ができない状態が続きます。**残念ながら、欲しいものをすべて買う余裕はないのです。**

「新しい服や靴、バッグが欲しい」

「新しい携帯電話やパソコンが欲しい」

「新しい車が欲しい」
「素敵なレストランに行ってみたい」
「もっと広い家に住みたい」

そういう願望のほんのいくつかにお金を使うだけでも、気づかないうちに、相当の予算オーバーになってしまうでしょう。

また、最低限必要だと考える衣食住にも、お金をかけすぎてしまうこともあります。それは、自分の最低線が高すぎるためです。よくいわれる一般的な目安は、家賃や住宅ローンは「給料総額の3分の1程度」にすることです。

しかし、私たちはその予算を大幅に超過しても、あんまり気にすることなく、できるだけいいところに住みたいと考える傾向があります。

家賃や〝自分が考える生活必需品〟に、予算以上の出費をしている人はたくさんいます。家賃、外食、旅行に多くのお金を払っていると、どんなに働いても月末にはお金が残らないということになります。

では、どうするのか。できるだけお金がかからないように出費をおさえるか、もしくは、その出費をまかなえるだけの収入を稼ぐかしかありません。

いまのままで、収入を増やすのは難しいでしょう。

会社員であれば、昇給の時期は決まっているし、経済が右肩上がりの時代なら、それも期待できたかもしれませんが、下手をすれば、昇給どころが、年々、年収が下がっている、という人も少なくないでしょう。

それでも、会社があるうちはいいですが、ある日突然、倒産するということもないとは言えません。帝国データバンクの発表によれば、2022年度に日本国内で倒産した企業は6799件。まさに大失業時代は静かに迫ってきているといえます。

収入を、一つの会社、一つの仕事だけに頼っていると、それがダメになれば、プチ贅沢どころか、最低の生活さえできなくなります。

いまは副業を認めている企業も少なくありません。収入や資産を増やすことで、「一つだけの収入」のリスクに備えていくことも、お金との大切なつき合い方です。

本章のまとめ

- 現代社会で生きている限り、誰もが「お金のゲーム」に巻き込まれている
- お金は、幸せの原因にも、不幸の原因にもなる
- 恋愛や結婚をしようとしても、お金がないと二の足を踏む人は多い
- 「お金さえあれば、いま抱えている問題のほとんどが解決できる」と考えているとしたら、それこそが「お金のストレス」だ
- 「収入源は一つしか持ってはいけないものだ」と考えることは、経済的不安定につながる

2

あなたは浪費家?
貯めすぎ??
自分の
「お金のタイプ」
を知る

あなたの「お金のタイプ」によって体験する人生が変わってくる

あなたは、節約するタイプですか？　それとも、パッと使う浪費家《ろうひか》タイプですか？

お金を使うのと、稼ぐのでは、どちらが好きですか？

お金について、不安を感じたり心配したりしていますか？

お金とどうつき合うかで、あなたの性格がわかります。

この章では、私たちの「お金のタイプ」が、人によって全然違うこと、それぞれ善《よ》し悪《あ》し、楽しいところと残念なところがあることについて説明します。

まず、お金の性格タイプは、主に次のように分けられます。

①浪費家タイプ

②節約家タイプ

③稼ぐのが大好きタイプ

④僧侶タイプ

⑤ヒッピータイプ

⑥ギャンブラータイプ

⑦心配性タイプ

私は、これを「お金のEQ性格タイプ」と呼んでいます。

お金のEQについては後で説明しますが、お金の感性という概念《がいねん》です。つまり「お金のEQ性格タイプ」というのは、お金とのつき合い方から見た「性格タイプ」です。

どれがよくて、どれが悪いということはありません。

ところで、なぜ私たちは、浪費家になったり、節約家になったりしたのでしょうか?

姉妹でも、姉はお金を使うのが大好きなのに、妹は貯金が大好きだったりします。

なぜ姉妹でこうも違うかというと、お金というエネルギーに対して、どう向き合うべきかという考え方が違うからです。

詳しくは、これからお話ししていきますが、お金を楽しもうというタイプは「浪費家」になり、お金がなくなるのが怖いからちゃんと貯めておきたいというタイプは「節約家」や「心配性」になったわけです。

また、お金を動かすのが楽しいと思う人は、「稼ぐのが大好きなタイプ」になったし、お金に興味がない人は「僧侶タイプ」になったのです。

お金のエネルギーをダイナミックに動かしたい、天に昇ってはド〜ンと落ちて地ベタをさまよって、またガーンと上昇したい人は「ギャンブラータイプ」になったわけです。

とても面白いのは、同じ節約家タイプの両親のもとに生まれても、兄弟姉妹が、別々のタイプになったりすることです。上のお兄ちゃんは「節約家」に。真ん中のお姉ちゃんは「浪費家」に。そして、末っ子の弟は「ギャンブラー」になったりするのです。

それは、お金をチマチマ節約している両親の態度に対しての反応の違いから起きます。上のお兄ちゃんは「やっぱり節約は大事だ」と思ったのでしょう。真ん中のお姉ちゃんは「しみったれた節約家はイヤだ。人生楽しまなくちゃ！」と考えました。下の弟は「人生は一度きり。ド〜ンと勝負したい！」となったわけです。

これから、それぞれの性格のタイプを紹介します。

人生で経験する特定のドラマが、特にお金に関して、私たちの性格、傾向にどのような影響を与えるのかを見ていきます。

私たちは、どれか一つだけのタイプということはありません。たいていの人が、いくつかのタイプが組み合わさっています。

自分が、どれに当てはまるかを見てみましょう。それと同時に、あなたの人生のごく身近にいる人物についても、どのタイプに当てはまるかを考えてください。

あなたの親や兄弟姉妹、パートナー、友人たちなど、身近な人が、なぜ今の「お金のタイプ」になったかということも理解できるかもしれません。

お金のＩＱ、お金のＥＱについて

ここでお金の基本的知識となる「お金のＩＱ」と「お金のＥＱ」について、お話ししておきたいと思います。

お金のＩＱとは、資産運用、税金、ビジネスなど、お金がらみの知識を意味します。分野としては、稼ぐ、使う、守る、増やすの４つがあります。

「稼ぐ」というのは、単にお金を稼ぐということではありません。自分の才能を使って、人を喜ばせた結果、お金をもらうことです。

「使う」というのは、生き金を使う。そのお金がちゃんと役に立って、将来お金が戻ってくるような使い方です。

郵便はがき

162-0816

恐れ入ります
切手を
お貼りください

東京都新宿区白銀町１番１３号

きずな出版 編集部 行

フリガナ

お名前　　男性／女性　未婚／既婚

(〒　　-　　)
ご住所

ご職業

年齢　10代　20代　30代　40代　50代　60代　70代〜

E-mail

※きずな出版からのお知らせをご希望の方は是非ご記入ください。

愛読者カード

ご購読ありがとうございます。今後の出版企画の参考とさせていただきますので、アンケートにご協力をお願いいたします（きずな出版サイトでも受付中です）。

[1] ご購入いただいた本のタイトル

[2] この本をどこでお知りになりましたか？
1. 書店の店頭　2. 紹介記事（媒体名：　）
3. 広告（新聞／雑誌／インターネット：媒体名　）
4. 友人・知人からの勧め　5.その他（　）

[3] どちらの書店でお買い求めいただきましたか？

[4] ご購入いただいた動機をお聞かせください。
1. 著者が好きだから　2. タイトルに惹かれたから
3. 装丁がよかったから　4. 興味のある内容だから
5. 友人・知人に勧められたから
6. 広告を見て気になったから
（新聞／雑誌／インターネット：媒体名　）

[5] 最近、読んでおもしろかった本をお聞かせください。

[6] 今後、読んでみたい本の著者やテーマがあればお聞かせください。

[7] 本書をお読みになったご意見、ご感想をお聞かせください。
（お寄せいただいたご感想は、新聞広告や紹介記事等で使わせていただく場合がございます）

ご協力ありがとうございました。

「守る」というのは、稼いだり、貯めたりした自分の資産を、減らしたり、なくしたりしないようにすることです。

「増やす」というのは、手持ちのお金を貯金でなく、投資で増やすことを意味します。

お金のIQが低いと、資産を増やすチャンスを逃したり、せっかく手に入れた資産をみすみす失ってしまうようなことになりかねません。

お金のEQとは、お金の感情的な健康度を示します。

分野としては、受けとる、感謝して味わう、信頼する、分かち合う、の4つがあります。

「受けとる」というのは、お金がやってきたときに、しっかり受けとることを意味します。

私たちの多くが受けとり下手です。

「感謝して味わう」というのは、入ってきたお金に対して、「ありがとう」という気持ちを持って、お金の楽しさを味わうという意味です。

「信頼する」というのは、お金の流れを信頼するという意味です。

お金の流れを信じられないと、不安を感じたり心配したりすることになります。逆に、ふだんお金に対して不安を感じているとしたら、この信頼ができていないわけです。

「分かち合う」というのは、手持ちのお金を自由に分かち合うことを意味します。

お金を寄附したり、使ったり、人にあげたりするのは、3番目の「信頼する」がないと、なかなかできないかもしれません。

お金のＩＱ、お金のＥＱに関しては、これまでいっぱい本を書いてきたので、興味があったら、過去の私の著書を読んでください。

「お金のＩＱとＥＱでは、どちらが大切ですか？」と聞かれることがありますが、どちらも大事です。なぜなら、豊かで幸せな人生に必要な両輪だからです。

日々のお金のストレスがまったくなく、お金と楽しくつき合えれば、大金持ちになる必要もありません。お金のことについて詳しくなると同時に、お金と健康的につき合うことができると、あなたの人生は、いまよりも自由で豊かなものになるでしょう。

「浪費家タイプ」と「節約家タイプ」

最初に「浪費家タイプ」「節約家タイプ」「稼ぐのが大好きタイプ」を見ていきましょう。この3つのタイプは、いずれも、お金に対してアクティブにつき合っています。でも、そのつき合い方がまったく違います。

つまり、次のようになります。

❶【浪費家タイプ】――「**お金を使う**」
❷【節約家タイプ】――「**お金を貯める**」
❸【稼ぐのが大好きタイプ】――「**お金を稼ぐ**」

たいていの人が、この3つのいずれかに当てはまる、一般的な性格タイプとも言えます。

でも、それが極端になり、不健康な感じで、お金を稼ぎ、貯め、使うようになると、お金との健康な関係が、依存症的なものに変わってしまいます。彼らは、「強迫的浪費家」「強迫的節約家」「強迫的に稼ぐのが大好き」になります。

「浪費家タイプ」は、お金を使うときに力（パワー）を感じ、「節約家タイプ」は、お金を貯めるときに最も安心します。「稼ぐのが大好きタイプ」は、お金を稼いでいるときにいちばんパワーを感じ、もっと稼ぐための新しい方法を考えています。

「浪費家タイプ」も「稼ぐのが大好きタイプ」も、「節約家タイプ（またはギャンブラータイプ）」の親を持つ家庭で育つ傾向があります。

なぜ、そのような家庭の人たちが「浪費家タイプ」になる一方で、もう一方は「稼ぐのが大好きタイプ」になるのでしょうか？

人はある種のストレスを経験すると、自然とさまざまな解決策を思いつくものです。

「浪費家タイプ」になった人たちは、浪費することでパワーを感じることを選んだのです。

「稼ぐのが大好きタイプ」の人は、お金を稼ぐことでパワーを感じます。

どちらの方法でもパワーを感じることはできるわけですが、それは個人の反応、お金との関わり方、そして自分の人生をどう生きたいかによるのです。

では、ここから、それぞれのタイプについて詳しく見ていきましょう。

浪費家タイプ

「浪費家タイプ」はお金を使うことに最も喜びを感じますが、それは節約したり稼いだりすることよりも自然なことかもしれません。

浪費家になるには、大金を使うという罠《わな》にはまる必要はありません。

私の大富豪の友人は、日本の１００円ショップで時間をすごすのが大好きです。

彼は小さくて面白いものを買うのが大好きで、そのことに喜びを見出しています。

もちろん、ハイエンドなものに浪費することもあります。彼らは通常、スポーツカー、高級ブランド、宝石、化粧品、アクセサリー、さらには食品などのあらゆる種類の贅沢品に多額のお金を費《つい》やします。

浪費家の多くは、若い頃はとても退屈だと感じており、彼らの内にはエネルギーが停滞していたのかもしれません。どちらかと言えば厳格な環境で育ち、幼い頃から、お金を使うことは悪いことであり、時には恥ずべきことであると教えられてきました。当然、無駄な出費は絶対に許されません。

彼らの親たちが小銭を集めていたのを哀《あわ》れに思い、そんな親を嫌っていました。それが高じて、真反対とも言えるような「浪費家タイプ」になるわけです。

裕福な家に育った友人たちを羨《うらや》ましく思い、自分のお小遣《こづか》いでは、とうてい友だちが持っているようなものは買えないことに、苦痛を感じていたのでしょう。

そのような幼少期は、刑務所にいるように感じられるため、大人になって好きなものにお金を使えるようになって、ようやく自由を味わいます。それが「浪費家タイプ」の誕生です。

「浪費家タイプ」は、お金がないとき、「いまお金を使う余裕がない」ということをわかっていても、「お金を使いたい」という強い欲求に突き動かされます。

では「浪費家タイプ」はダメなのかというと、そうとは言えません。「浪費家タイプ」は、幸せで楽しい人が多く、自分の持っているものをなんでも惜《お》しみなく人に与えます。「楽しみ方」というものを知っていて、パーティーを開催するときも上手で、友人として持つには最高です。お金を循環させ続けることができる限り、彼らは大丈夫です。

でも、収入が下がったり、出費をコントロールできなくなった途端、借金の問題を抱えることになります。クレジットカードの引き落としができないトラブルに陥《おちい》る可能性が高く、買い物依存症になってしまう人もいます。

強迫的な浪費グセから抜け出すには、「どうしても欲しい」と思う品物を衝動買《しょうどうが》いする前に、「1週間待てるかどうか」を自問してみてください。

これは「浪費家タイプ」に限らず、何か予算が限られているとき、大きな買い物をするときなどにも効果的です。

節約家タイプ

「節約家タイプ」は、ライフスタイル、お金の習慣、自由な時間やエネルギーの使い方まで、浪費家と正反対であることが多いでしょう。

「節約家タイプ」は内向的な傾向があり、週末は外出したり遊んだりせず、家で猫とすごして、本を読んだり映画を観たりするのを楽しむような感じです。そのほうが、財布に優しいわけです。

家庭的な人は無駄《むだ》な出費を省くことができますし、何かでお金を節約していることがわかるだけで、生活に安心感が生まれます。

預金口座に十分なお金が入っていると、それを感じるだけで安心できるのです。

「節約家タイプ」の人がいちばん恐れているのは、「お金がない」「お金に余裕がない」という緊急事態が起こることです。

「節約家タイプ」の親は「浪費家タイプ」や「ギャンブラータイプ」だったりします。

親が経済的に不安定で、それによって苦しんでいるのをずっと見てきたのと、自分自身も、そのことで苦労してきたために、「もう、あんな時代は懲《こ》り懲《ご》りだ」と思うわけです。

彼らは、経済的に不安定な親の子どもとして生まれ、とてもつらい思いをしたので、大人になったら、生きていくのに十分なお金があることを最優先にして、お金の心配をしないようにしたいと考えます。

そのため、人生を楽しむことよりも、経済的な安定を選ぶ傾向があります。

彼らは成長過程で、「楽しい」ことを経験しても、そのために親が苦労するくらいなら「お金を使わない」ことのほうが大事だと感じたはずです。

楽しむことと経済的な安全のあいだで板挟《いたばさ》みになっても、常に安全、安定を選択します。

そのため、リスクを取ることを避け、新しいことを学び、新しい世界を発見する機会を逃してしまいます。

「稼ぐのが大好きタイプ」

「稼ぐのが大好きタイプ」は、お金を使うことよりも、お金を貯めることよりも、なにより、お金を稼ぐことを楽しみます。彼らにとっては、より多くのお金を稼ぐ新しい機会を見つけることが、最大の喜びなのです。

ここで「稼ぐのが大好きタイプ」を解説する前に、「稼ぎ方」についてお話ししておきたいと思います。

お金を稼ごうと思ったら、実にいろんな方法があります。

たとえば、労働をして給料をもらう方法があります。

単発バイトなんかが、これにあたります。学生時代にやったことがありますが、東京駅とかに集まって、バスに乗って現場まで行って働き、仕事が終わったら、日払いでその日の給料をもらうのです。

同じバイトをするのでも、給料を月額でもらう場合もあるでしょう。正社員になったとしても、**「時間を切り売りすることでお金をもらうスタイル」**は、同じです。

フリーランスとして、仕事をすることもできます。自分のサービスを提供することで、クライアントにお金を払ってもらう方法もあれば、物やサービスを売って、代価をもらうこともできます。

それが大きくなって、何人か雇って、会社を経営するという働き方もあります。

どこかの会社に投資して配当をもらったり、利益の一部をもらったりすることもできます。上場企業に投資した場合は、毎年自動的に配当が入ってきます。小さな企業に投資する場合は、役員報酬やコンサルタント料として、お金をもらうことができます。

自分が汗をかくような労働をするわけではなく、人に働いてもらう、お金に働いてもらう方法もあります。

一般的には、どこかで働いてお金をもらうしか考えないと思いますが、それは、他のやり方があることをよく知らないからです。

どのやり方がいいとか悪いとかはありません。労働をする喜びもあるし、投資家はすべてを失う可能性もあります。

「稼ぐのが大好きタイプ」であってもなくても、自分がどのスタイルでお金をもらうのが楽しいのか、を考えておくのは大切です。

稼ぐのが大好きタイプ

「稼ぐのが大好きタイプ」は、退屈でも安定した家庭に生まれた可能性が高いです。

安定はしていても、お金が潤沢《じゅんたく》にあるわけではないので、不自由さを感じて育ちました。

「お金がないから我慢しなさい」と言われてきたわけです。

そのために、お金の心配をする必要がなく、経済的自由を享受《きょうじゅ》できるような人生にしたいと思ってきました。

十分なお金を持っていなかった親や家族に、「孝行したい」「貢献したい」と願って、お金を稼ぐことを決意します。

お金を稼ぐことこそが、自分たちが育ってきた悪い状況を変える解決策になると気づいたのです。

「稼ぐのが大好きタイプ」は、何もないところからお金を生み出すことができるので、まるで魔術師のようです。幸せに稼ぐ人もいれば、不幸な稼ぎ方をする人もいます。

好きなことをしてお金を稼ぐことができれば、お金も仕事も大好きになってしまうことは明らかです。「稼ぐのが大好きタイプ」は、お金を上手に使って自分も幸せになり、他人も幸せにすることで、お金を楽しむことができます。

成功した起業家には、このタイプがたくさんいます。でも、他のタイプと同様に、いきすぎると、お金を使う時間や心の余裕がなくなって、仕事のことばかり考えるようになってしまいます。

「僧侶タイプ」と「ヒッピータイプ」

お金のEQ性格タイプの「浪費家タイプ」「節約家タイプ」「お金を稼ぐのが大好きタイプ」は、それぞれの方法でお金と積極的に関わりますが、次の2つのタイプは、むしろ消極的と言っていいでしょう。

❹【僧侶《そうりょ》タイプ】——「お金に無関心」
❺【ヒッピータイプ】——「お金を避ける」

まずは、お金に無関心な「僧侶タイプ」からお話ししたいと思います。

僧侶タイプ

この性格タイプを「僧侶」と呼んでいるのは、彼らが世間から少し離れていて、お金にあまり関心がないように見えるからです。多くの場合、無関心タイプは非常に幸運な人生を送っており、お金の心配をする必要がない状況に恵まれています。

彼らの人生には常に誰かがいて、経済面で助けてくれたり、お金の実務面を見てくれています。もしもあなたが、これまでに生きていくためにお金で苦労することがなかったなら、それは、恵まれた環境のおかげです。

僧侶タイプは、お金について考えたりすることはあまりないかもしれません。でも、つねに管理してくれる人が近くにいるおかげで、その支払いが滞《とどこお》るようなことはありません。家賃や住宅ローンの引き落としはすべて期日通りにできているけれど、「お金持ちになる」ことには、あまり関心がないのです。

お金の問題と向き合わずに社会で生きている人も、このタイプになる可能性がありますが、その意味で、いまの社会には「僧侶タイプ」は案外多いかもしれません。

このタイプは、教師、大学教授、研究者、看護士、警察官など、仕事に一生懸命で、自分の利益を忘れて、人のために役に立つ職業に就《つ》いていることが多いのが特徴です。ですが、配偶者や両親など、世話役がいなくなると、税金やいろんな支払いに対処することができず、途方に暮れてしまうことがあります。

お金に無関心な人は、「節約家タイプ」と同じく、人生の楽しみを逃しがちです。

少しお金を使うだけで、生活を楽にしたり、便利にすることができますが、このタイプの人は、そういうことに意識がいきません。たとえば、書斎やホームオフィスがあったり、アシスタントがいれば、彼らの生活はもっと楽になるかもしれませんが、そのような考えは思い浮かばないのです。このタイプの人は、お金を使って生活を便利にするとか、楽しむということを考えてみましょう。

ヒッピータイプ

「ヒッピータイプ」は、お金から逃げようとする傾向があります。「ヒッピー」というのは、自然回帰的な思想のもとに活動する人たちです。お金から距離を置き、できるだけ生活にお金を持ち込まないようにする人、ということで「ヒッピータイプ」としました。

お金の代わりに物々交換を利用することが多く、同じ価値観を共有し、必要なものを物々交換してくれる志を同じくする人々のコミュニティを見つけるのが上手です。

「ヒッピータイプ」になったのは、お金の醜《みにく》い側面を見て、人々に何をもたらすか、大げさに言えば、資本主義がいかに私たちの生活を破壊するかを目《ま》の当たりにしてきたからです。

彼らは小さい頃、親や親戚のあいだで、お金が持ち込んだ離婚や相続争いを見たかもしれませんし、欲張りな人が金持ちになるということをどこかで知ったのかもしれません。どのような理由であれ、彼らはこのお金に支配された社会から、できるだけ離れようと決めたのです。その過程で、お金によってもたらされる可能性のすべてにも、知らないうちに背を向けてしまっているかもしれません。

いつも支払いが遅れていて、生活費のやりくりに少々苦労しているにもかかわらず、それでも迫りくるお金の問題に向き合おうとしない人もいます。銀行のシステムが悪いんだと、人のせいにしたりするのも、この「ヒッピータイプ」です。

お金は、多くの奇跡を起こすことができるのに、「ヒッピータイプ」はお金のいい面を無視する傾向があります。お金が人生にもたらすプラスの影響を軽視し、マイナス面ばかりに目を向けてしまいがちなのです。お金そのものは中立的なもので、それを使う人の感情や性格的特徴を拡大させるだけだという事実も見落としています。

多くの人が、何かをするためにはお金が必要だと考えていますが、「ヒッピータイプ」は現金がなくても生きていけることを経験上知っています。

彼らは自然の中で自給自足する喜びを見出したり、都市部に住んでいても、物々交換ができる仲間を上手に見つけたりします。それが、大きなストレス解消になっています。

ものだけでなく、「マッサージ」と「カウンセリング」を交換したりもします。お金ではなく、エネルギーの純粋な美しい交換と言えるでしょう。

「ギャンブラータイプ」と「心配性タイプ」

お金のＥＱ性格タイプの「ギャンブラータイプ」と「心配性タイプ」は、前の５つとは違う感性を、お金に対して持っています。

❻【ギャンブラータイプ】――「お金に依存する」
❼【心配性タイプ】――「お金のことで不安になる」

この２つの感性は、ある意味で、誰にもあるものと言えるでしょう。ただし、それがいきすぎたりすると、現実の生活に支障が出てきます。

まずは、「ギャンブラータイプ」からお話ししていきましょう。

ギャンブラータイプ

「ギャンブラータイプ」は、大勝ちと大負けというエキサイティングなサイクルにはまっているため、傍《はた》から見ていて飽《あ》きることがありません。

ギャンブラーは、仕事や投資を勝つためにやっていると思われがちですが、実は負けたときの罪悪感や恥ずかしさ、失望感も、密《ひそ》かに楽しんでいます。

彼らにとっては、大負けすることも、興奮の一部なのです。

なぜなら、次のチャンスが来たら、また大勝ちすればいいのだから。

負け犬になった後に、数々の試練を乗り越えて、再び（あるいは3度）トップに返り咲くのは、楽しくて、カッコよくて、エキサイティングな体験なのです。

「ギャンブラータイプ」は多くの場合、退屈で安定志向の両親のもとに生まれ、より多くの興奮を求めていくようになった人が多いようです。

彼らは行き詰まる感覚を嫌い、若い頃に切実《せつじつ》に望んでいた興奮を自分の人生につくり出すために、進んで行動を起こします。

「ギャンブル」が依存性の高いことは、よく知られています。

ギャンブラーであること、またはギャンブラーのパートナーや親戚がいることで、日常生活にほとんど影響を受けないということであれば問題ないのですが、しばしば物事が制御不能になる場合には、それが自分の人生に影響を与える前に、何かを止めて変えなければならないことを知るときです。

「ギャンブラータイプ」は通常、人生を十分に楽しんでいます。

大勝ちした後に、この人の肩をつかんで、人生を楽しんでいるかどうかをたずねたら、彼らは間違いなく「もちろん、最高だよ！」と言うでしょう。

勝っても負けても、お金やビジネスがもたらす興奮を心から楽しんでいるのです。

しかし、「ギャンブラータイプ」は、理想的な人生を歩んでいるとは言えません。

なぜなら、大勝ちしたり大負けしたりする浮き沈みを、一緒に体験したいとは思わないからです。パートナーがいても、たいていは、離れていくことが多いようです。そして、負けているときは、本当につらそうです。

最後に勝てればカッコいいのですが、たいていは、何度目かの失敗の後、立ち上がる気力、体力がなくなって、失意のまま亡くなることが多いです。

心配性タイプ

「心配性タイプ」は、他のどの性格タイプとも組み合わせが可能であるため、特によく見られるタイプです。

唯一の例外は「お金には無関心」の僧侶タイプで、彼らは金銭的なストレスとは無縁であるため、お金について、不安を感じたり、心配したりすることはありません。

「心配性タイプ」は、未来に目を向け、何かが起こったときに、自分にとってネガティブな未来しか想像できない人です。

貯金ゼロの未来をイメージして心配する人、お金が稼げない未来、ギャンブルですべてを失う未来を想像してしまうのです。

どのような心配をするにしても、対応する「お金のEQ性格タイプ」によって異なるかもしれませんが、彼らはネガティブな未来を予想しがちです。ポジティブなことよりも、ネガティブなことが起こる可能性が高いと感じてしまうのです。

心の中にポジティブなイメージがあれば、心配に時間を費やすことはありません。

心配するときは、たいてい心に浮かぶのは、ネガティブなイメージです。

私たちが心配するのは、本当は、そういう未来に行かないためです。

お金があんまりない家庭で育った人は、心配のあまり、お金をできるだけ稼ごうとします。あるいは、行き詰まり感を吹き飛ばすために、手元のお金をパッと使おうとします。

私たちは、お金に対してストレスを感じたくないからこそ、「稼ぐのが大好きタイプ」になったり、「ギャンブラータイプ」になったりします。

私たちは、いろんなタイプになりながら、人生を生きていくのです。

お金のタイプは、その人の状況と組み合わせによって変わる

さて、あなたは、どのタイプだったでしょうか。

あるいは、どのタイプがしっくりきたでしょうか。

もしかしたら、「どのタイプかわからない」という人もいるかもしれません。

星占いで、12星座に分けられていても、一人ひとりのホロスコープはもっと複雑です。獅子座であっても、乙女座の要素があったり、魚座の要素があったりするものです。

「お金のEQ性格タイプ」も同じで、一人の人に1つのタイプとは限りません。むしろ誰にも全部のタイプがあるとも言えるかもしれません。ただそこで、ふだんはどのタイプが強く出るのか、あるいは何か状況が変わると、ふだんとはまったく違うタイプが出てくる

ということもあるでしょう。

自分だけでなく、あなたの身近な人たちのタイプも見ていきましょう。

あなたにも、いろいろなタイプが組み合わさっているように、その人たちにも、思いがけないタイプが隠れているかもしれません。

これまでは節約家タイプだった人が、起業したら、お金を積極的に使うタイプに変わることもあります。

年代によっても変わったりするのが、お金のタイプの興味深いところです。

20代は浪費家タイプだったのに、30代は、家庭を持って、節約家タイプに変わることもあります。

これまでの人生で、自分のお金のタイプがどう変わってきたか、見てみましょう。

きっと、いろんな気づきがあると思います。

本章のまとめ

- お金とどうつき合うかで、お金の性格タイプが違ってくる
- 同じタイプの両親のもとに生まれても、兄弟姉妹は別のタイプになることが多い
- お金のＩＱ、お金のＥＱは、豊かで幸せな人生の両輪になる
- お金と楽しくつき合えれば、大金持ちになる必要はない
- 「お金のＥＱ性格タイプ」は、一人の人に１つのタイプとは限らない。同じ人でも、時期、状況で変わることもある

3

自分の「お金の設計図」を書き換える

あなたのお金の「設計図」に描かれているもの

誰もが、「お金の設計図」というものを持っています。

それには、私たちの中にある、お金に関する観念や思い込みが描き込まれています。

私たちの設計図には、お金の稼ぎ方だけでなく、どれだけ資産（あるいは借金）を持つか、また、収入を得る方法などの情報も入っています。

自分の設計図に何があるのかを知りたければ、仕事を失ったときに、どう新しい収入源を探すかを見ればわかります。

さあ、いまの仕事を失ったとして、あなたは、お金を稼ぐために何をするでしょうか？

履歴書を書いて、求職サイトで、できそうな仕事に応募するでしょうか？

自分のビジネスの立ち上げを計画して、投資家を探すでしょうか？

投資案件を探そうとするでしょうか？

それとも、しばらく面倒を見てくれる友人に連絡をとるでしょうか？

お金を稼ぐ方法は前でも少しお話ししましたが、働き方として見てみると、次の5つになります。

❶ 従業員として働く（契約社員、アルバイトも含む）
❷ フリーランス、自営業として働く
❸ 自分のビジネスのオーナーとして、まわりに働いてもらう
❹ 投資家として、配当、家賃、ロイヤリティー、印税収入をもらう
❺ 働かない（労働せずに、家族、国からお金をもらう）

従業員として働くのが一般的ですが、自分でビジネスを始めたり、オーナーになったり、投資家として、生活することもできます。

最後の「働かない」というのは、働かずに生活していくというあり方です。自分は働いていなくても、パートナーが働くことで経済的に困らない、ということもあります。親から受け継いだ財産で生活する、国から生活保護を受ける、というのもありです。

お金の設計図によって、あなたの観念が、従業員として、フリーランス、投資家、あるいはビジネスオーナーとしての仕事を見つけるのです。

親が会社や役所で働いていた場合、その観念体系を子どもである私たちに伝え、それが私たちの世界観やアイデンティティの一部となります。親が大学進学をすすめるのは、就職し、安定した給料を得ることがベストだと考えているからです。

親が経営者だった場合は、少し違った見方をしているかもしれません。

いま改めて、自分の「お金の設計図」を見ていきましょう。

その設計図は、これからのあなたが生きたい人生に合っているでしょうか？

現在を理解するために、過去を観察する

あなたのお金の設計図に何が描かれているかを知るのは、簡単です。
自分のまわりを見渡してみてください。

どんな家に住んでいますか？
どんなものに囲まれていますか？
そこには、高価なものがいっぱいありますか？　それとも、安物ばかりですか？

現在の経済状況は、お金の観念、すなわち設計図によってつくり出されています。

いまの仕事、収入、貯金額に満足していますか？

あなたの現在の経済状況は、ここ数年でつくられたものではありません。

それは、あなたのお金の設計図に、長いあいだ存在してきた観念と習慣の結果なのです。

どれだけ稼ぐか、使うか、守るか、増やすか。そのすべてが書かれています。

こういうことは、あなたが子どもの頃から、あなたの人生の一部でした。

もしも、お金がいつも足りないと感じているのなら、**収入と支出のバランスが崩れているからです。**

あなたは、もっと収入を増やすべきか、支出を減らすべきか。

たぶん、どちらも必要です。

収入アップの方法を考えて、同時に支出を減らしましょう。

少しでもやっていくと、そのうちに月末に手元に残る金額が増え始め、気分も変わってくると思います。

お金の設計図が教えてくれること

あなたの設計図は、何年前に今のバージョンがつくられたと思いますか？

お金の設計図は、「人生の生き方を指示するソフトウェア」のようなものです。

人によっては、お金を稼ぐのに必要な方法に焦点を当てたプログラムが、たくさんあるかもしれません。でも、そうしたプログラムが組み込まれていない人もいます。

たとえば芸術家、専業主婦、学校の先生には、「お金を稼ぐ」というプログラムは、ほとんど設定されていないかもしれません。

私たちは、物心つく前に、親によって基本ソフトウェアをインストールされます。

「公務員」「実業家」など、いろんなバージョンがあります。

親のソフトウェアは、その両親、つまり、あなたから見たら祖父母によってつくられました。セクシュアリティ、お金、仕事、時間、人間関係に関するプログラムは、たいてい幼い頃に、基本がインストールされています。

その基本のＯＳ（オペレーティングシステム）のバージョンは、Windows95ができた頃になるかもしれません。祖父母にドラマチックなことがあった場合は、その情報も入っている可能性があるので、あなたの祖父母の基本ソフトウェアは、１９６０年代、人によっては、１９４０年代にできている可能性があります。

「ご先祖はね、お金持ちだったんだよ。戦争で全部取られたけどね」とかいうことを聞かされているとしたら、「お金は、あるとき全部取られることもある。だから貯めておかなくちゃダメ」といったことが刷り込まれたわけです。そして今、あなたがお金に縁遠いのは、国にお金を取られたせいで、これも仕方がないと思っていたりします。

あなたが大人になるにつれて、いまのプログラムを棚卸しして、新しい情報にアップグレードする必要があります。

お金の稼ぎ方は、1960年代と同じく、会社に属する従業員型でいいのでしょうか？

また毎月、定収入をもらい、それでやりくりしていくスタイルでいいのでしょうか？

いまのプログラムの多くは、あなたの理想の生き方を反映していません。

私は、会社員として働くことが悪いと言っているわけではありません。

ただ、あなたのお金に対する観念といったものが、じつは、親や祖父母から受け継いだものだということに気づくことで、**「うまくお金を稼げなかったのは、古いOSのせいだった」**ということがわかることがあります。

使い慣れたパソコンでも、OSが新しいものに変われば、それまでの不便さがわかるでしょう。当時は画期的でしたが、いまWindows95を使う人はいないわけです。

パソコンやスマホのOSを「そろそろアップグレードさせなくちゃ」と思うタイミングが、あなたにもあるでしょう。同じように、自分の設計図を見れば、観念のいくつかを最新のものにアップグレードする時期が来たかもしれません。

多くの人は、そのプログラムが自分の人生のためになっていないと痛切に感じるまでは、そのような考えは思い浮かばないものです。

世界の経済は刻々と変わっているのに、仕事やお金とのつき合い方に関しては、1960年代のままだったりする人が多いのです。

朝起きたら、仕事に行く。お給料を毎月もらう。個人的なお金の使い方に関しては、お小遣《こづか》いをもらってやりくりしていた小学生の頃から変わらない人もたくさんいます。いまの世界では、人類の大部分が古いプログラムのまま生活しているのです。

あなたが今やれるのは、自分のバージョンが何年につくられたのかを調べ、情報を少なくとも21世紀バージョンにアップグレードすることです。

将来、どんなライフスタイルで生活したいのか。それを実現するためのプログラムとは、どんなものでしょうか？

自分の仕事とお金のパターンをふり返ってみる

いままでの人生で、あなたはどんな仕事のやり方をしてきましたか？お金と、どんな関係を築いてきましたか？

どんな人生であれ、誰でも人生に自分なりのパターンをつくっています。

たとえば、学校を卒業してから、お金を稼ぐということに関して、どんなことをやってきましたか？

従業員として会社や役所で働いていた、フリーランスの仕事をやってきた、自分で独立してやってきたなどのパターンです。何回か仕事を変わっても従業員として働いていたら、他の仕事のやり方や、お金のもらい方が難しくなってきます。

より慣れ親しんだ選択肢を優先して、他の選択肢が思い浮かばなくなるのです。

あなたが従業員として働いてきても、経営者であっても同じことです。**仕事のやり方やお金を稼ぐ方法がパターン化すると、他のやり方を想像することが難しくなります。**

たとえば、新しい仕事を探すとき、これまで従業員として会社に労働力を売る方法をとってきた人が、いきなり自分で起業を考えることは、まずないと思います。

これまでと同じように、ネットで求人情報をチェックし、新しい雇用主候補の会社に履歴書を送り始めるでしょう。

お金のパターンでいえば、貯金残高もそのいい例です。

どんなに頑張っても100万円とか500万円とか一定額以上の貯蓄ができない人がいます。ボーナスが出たり、まとまったお金が入ったりすると、それを貯金にまわそうと思っても、そのお金を使い切ろうとする理由がいくらでも出てきます。

1ヶ月以内に3人の友人が結婚したり、なぜか同じタイミングで、洗濯機、冷蔵庫、エアコン、テレビなどの大型家電が次々に壊れたりするのです。

自分の慣れ親しんだパターンに留《とど》まることに関しては、お金の設計図は、私たちを助けてくれるようです。

借金に関しては、5年前と比べて借金返済が全然進んでいなかったら、それが理由です。毎月着実に返済しているのだから、総残高は大幅に減っているはずだと思うでしょう。でも、どういうわけか、ある程度返済したら、また新しい借金をしなくてはいけないトラブルに巻き込まれたりする様子は、もう魔法のようです。

私のクライアントにも、3年の借金の返済を終えた帰りに事故に遭《あ》って、車の修理代をまた借金をすることになった人がいました。

人生に現れているパターンを認識し、それを実際に変えようと決心すれば、変えることが可能になります。

「お金と仕事のパターン」を変える準備はできていますか?

それをいつ始めましょうか?

「受け継がれた観念」を分析する

両親との関係や仲の良し悪しにかかわらず、私たちのお金の設計図には、両親や私たちを育ててくれた人から、直接受け継いだ観念が、しっかり描き込まれています。

自分のお金の設計図に描いてあるものを発見するのは、両親を見るのと同じくらい簡単なことだったりします。

お金に関する両親の観念やパターンを、じっくり分析してみましょう。

両親のお金の設計図には、何が描かれていましたか？

あなたが子どもの頃、両親はお金についてどんな話をしていましたか？

お金を稼ぐ、使うといったことで、両親について覚えていることはありますか？

両親が「お金が足りない」という話をしていたり、お金が原因でケンカしたりするのを見て、「お金って、人を仲たがいさせるものだ」と考えた人は少なくないでしょう。

じつはあなたの両親も、それぞれに同じような体験をしたかもしれません。

当時の両親の態度やお金に対する観念を思い出しながら、あなた自身の設計図にあるものと比べてみると、つながりが見えてきませんか？

親が持っていた観念と同じになることもあれば、その正反対になることもあります。

たとえば、親が倹約家で、物を買ってくれなくて、寂しい思いをした人は、親の設計図とは正反対の浪費家になったかもしれません。欲しいものがあったら、すぐ買ってしまうような感じです。でも、お金を稼ぐことに関しては、親に似て、安全第一で公務員という生き方を身につけたかもしれません。

両親が会社員だった場合、あなたはそれが最も適切な稼ぎ方だと考え、他のスタイルや選択肢を考えなかった可能性が高いでしょう。学校を卒業するとき、何も考えずに、普通に就職活動をしていた人は、親の価値観通りに生きていることになります。

私たちは、自分のお金の観念を分析することなく、お金の設計図をそのまま受け入れてしまいがちです。

もし、自分がなぜ、いまの観念を身につけたのかを理解できれば、より意図的に、より自由に、新たな選択ができます。

世代間の観念のつながりは、あなたとあなたの両親だけに限られたものではありません。祖父母やその先の世代からの影響が見られることも多いものです。

「世代を飛び越える」ことが、あるのです。あなたの両親も、それぞれの両親から、いろんな観念を受け継いでいます。

読者のみなさんの中には、戦後の混乱期に生きていた祖父母や曾祖父母を持つ人もいるでしょう。

彼らが、戦争やその後の預金封鎖《ふうさ》や農地解放で直接経験した劇的なドラマを通して、お金に関する恐怖を抱くようになったことは理解できると思います。

当時のほとんどの人が、全財産をなくしたり、仕事を失ったりして大きな打撃を受け、

「必需品以外のものにお金を浪費するのは、命にかかわる過《あやま》ちだ」
「緊急事態に備えて十分な貯蓄をしておくことは、すごく大事」
といった観念を身につけました。

その観念を自分の子どもたち、つまりあなたのご両親に受け継がせ、あなたのお金に関する観念に大きな影響を与えています。

これは、あなたが節約の習慣を受け継いだにせよ、反抗して、そのかわりに大金を使うタイプになったにせよ、同じことです。

可能であれば、祖父母の人生についても時間をかけて調査し、両親の設計図がどのような影響を受けたかを確認しましょう。そうすることで、自分の観念がどこから来たのかということだけでなく、それより深い部分での理解を得ることができます。

なぜなら、両親もまた、その時点で持っていた知識や観念でできる限りのことをしていたからです。**このパターンから抜け出し、自分のお金の設計図から古い不要な観念を一掃すれば、本当に自由になれるのです。**

「豊かさマインド」を引き出す考え方

あなたのお金の設計図には、人生に対して豊かさの考え方を持っているか、それとも欠乏の考え方にとらわれているかの情報も描き込まれています。

お金の設計図に豊かさの考え方を持っている人は、そうでない人とは大きく異なる世界に生きています。

私たちは自分の態度や観念というフィルターを通して、自分が期待する通りの世界を見ています。銀行口座にはいつも十分な金額のお金がなく、苦労するのが普通だという観念を持っていれば、そういう人生を体験することになります。

でも、自分は豊かさに恵まれていて、十分すぎるほどのものを持っているという観念があれば、そういう体験を引き寄せることになるでしょう。

自分の今の日常生活にある豊かさを認識して、感謝して味わうことができれば、連鎖反応が起き始め、より多くのよいものが増えることになります。

これはお金だけでなく、人生全般の素晴らしいことにも当てはまります。

あなたの観念は、あなたが思っている以上に、強力です。

私たちは、自分が生きている世界をどのように見るかによって、積極的に人生で体験することを創《つく》り出しているのです。

あなたは、自分の能力や才能について、どんなことを言い聞かせていますか？

□「よし！　次はこのチャレンジをしたい」
□「わあ、うまくいった」
□「絶対うまくいく」
□「本当にラッキーだったと思う」

□「よくやったよ！　自分を誇りに思う」
□「自分はこういう仕事に向いているかもしれない」
□「これは大成功しそうな予感」
などなど……。

右は、「豊かさマインド」を引き出す考え方（Abundance Mentality）です。

この考え方ができると、人生で何が起ころうと、どう転ぼうと、それは常に学びの経験になります。


その反対に、次のような言葉を口にすることが多い、ということはないでしょうか？

□「自分にそんなことできるわけがない」
□「こんなところになじめない」
□「うっ、私はいつも運が悪い」

□「いいことなんて起きるはずがない」
□「夢を見続けても、どうせムリ」
□「こんなの信じられない」
□「僕には才能がないんだ」
□「もう終わりだ。もうやめた」
□「ほら、うまくいかないって言ったでしょ？」

こうした言葉は、「不足マインド」を引き出す考え方（Scarcity Mentality）の現れです。あなたが豊かさに恵まれ、十分すぎるほど持っているという側面を探せば、きっと、もっと豊かなところが見つかるでしょう。あなたが自分の持っている豊かさを認識し、感謝すれば、もっとよいことをもたらす連鎖《れんさ》反応が起きていきます。

自分が生きている世界をどう見るか

「豊かさマインド」を引き出す考え方は、お金だけでなく、人生全般の素晴らしいことにも当てはまります。あなたがふだん考えること、感じることは、あなたが思っている以上に強力です。

私たちは、自分が生きている世界をどのように見るかによって、積極的に新しい世界を創り出していると言えます。

人生やお金については、あなたは自分にどんなことを言ってますか？

次のフレーズを見て、あなたの思考や言葉から、「豊かさマインド」に傾いているのか、それとも「不足マインド」に傾いているのかを見てみましょう。

「豊かさマインド」を引き出す考え方（Abundance Mentality）

□「この時代、人は好きなことを選ぶことができる」
□「やってみると、うまくいくことが多い」
□「人生におけるすべてのことは、学びの経験だ」
□「自分の才能に驚かされるなぁ」
□「何が起きても大丈夫だよ、本当に」
□「人生は、結局望んだ通りになる」
□「私たちは今、かつてないほど豊かな時代を生きている」
□「未来は、明るく見える」
□「1年前よりも、いろんなことがうまくいっている」
□「誰でも豊かになれるし、それはとっても簡単なことだ」
□「これから、どんなにいいことが起きるんだろう？」

「不足マインド」を引き出す考え方（Scarcity Mentality）

□「現実は決して希望通りにはいかない」

□「世の中は厳しい」

□「世界はどこに行っても、悪い人だらけだ」

□「私たちが知っている世界は、もうすぐ終わってしまう」

□「人生では、悲しいことばかり起きる。最悪だ」

□「ニュースは、今日もひどい話ばかりだ」

□「私たちは利用され、捨てられるだけだ」

□「システムは私たちに不利になるように仕掛けられている」

□「景気は、相変わらず悪いし、よくならない」

□「実際に成功するのは、一部の選ばれた人だけだ」

□「お金は、トラブルしかもたらさない」

チャンスを呼び込む新しい選択

「豊かさマインド」「不足マインド」のどちらを選ぶか。その選択肢は、すべての人に与えられています。私たちは皆、自分の設計図の中の情報を選ぶ能力があり、毎日新しくその選択を与えられているのです。

私たちのお金の設計図は、いつでも、何度でも書き換えることができます。内容を変えたければ、今この瞬間から書き換え始めることだってできます。

それが自分の意志で変えられることを知りながら、あなたは、まだこの世界がひどい場所で、すべての人に豊かさはないと見るつもりですか？

それとも、世界を自分にとって完璧なチャンスと機会に満ちた、豊かな場所として受け入れる準備ができているでしょうか？

豊かさの世界で生きるか、不足の世界で生きるかは、私たちが選ぶ感情で決まります。

なぜなら、私たちが目にする世界についてどう感じるかが、設計図の内容を決めるからです。

「この世界は豊かだなぁ」とふだんから感じていると、設計図には「私は豊かに生きるに値する」と描かれることになり、そういう世界を選ぶように導かれます。

また、私たちは豊かさの中で生きるという選択を一度したら、それで終わりというわけではありません。この選択を何度も繰り返し、常に新しいものを選択するチャンスを与えられているのです。豊かさを求める選択を一つすれば、新たな選択肢が与えられ、その中には前の選択よりも、さらに豊かなものもあります。

あなたの設計図は、あなたが考える自分についての情報でいっぱいです。

セルフ・イメージはもちろんのこと、あなたが豊かな世界に生きているかどうかを決めるその他の要因に関する情報もすべて描かれています。

こういったことは、あなたのお金の設計図の大掃除をし、あなたの人生を劇的に改善する新しい選択をする際、棚卸しをするために非常に重要です。

また、私たちは似たような人を引き寄せる傾向があります。サービス業に従事する人は、同じサービス業に従事する友人や知人とつき合い、同じような話題で盛り上がる傾向があります。芸術家は多くの芸術家を知っていますし、医者のまわりには医療関係者だらけです。けれども、自分と似たような人たちとしかつき合っていないと、自分の世界観が狭いままになってしまいます。それどころか、まったく同じ考え方をする人が周囲に増えるため、観念が確固としたものになりがちです。

自分自身についての頑固《がんこ》な考えを手放し始めると、いままで毎日話していた人たちに親近感が持てなくなり、新しい仲間を探し始める必要が出てくるかもしれません。

本章のまとめ

● 現在の経済状況は、あなたのお金の観念によってつくり出されている

● お金についての基本ソフトウェアは知らないうちにインストールされている

● 仕事のやり方やお金を稼ぐ方法がパターン化すると、それを変えるのが難しくなる

● お金の設計図は、いつでも、何度でも描き換えることができる

● 豊かさの世界で生きるか、不足の世界で生きるかは、自分が選ぶ感情で決まる

4

「お金のゲーム」のルールをマスターする

お金のゲームのルールとは？

私たちが知らないあいだに「お金のゲーム」をやらされていることについては、1章でお話しししました。

「そんなゲームはイヤだなぁ」と思った人もいるかもしれませんが、イヤだと思っても、そう簡単には、このゲームをやめることはできません。

どうせゲームを降りることができないなら、この「お金のゲーム」のルールを知って、上手にプレーするのも、ありです。

この章では、お金のルールについて考えてみましょう。

ゲームなのだから、明確なルールがありそうなものですが、野球のルールブックのように、どうやれば点が入るのか、どうなったら勝つのか負けるのかということが、「お金のゲーム」では明確ではありません。

お金をたくさん稼ぎ続けられれば、いずれゲームに勝てそうな気がしますが、具体的な数字として、どれだけ稼げばいいのか、誰もわかりません。

毎月節約していけば、負けない感じがしますが、果たしてゲームとしては、それで勝てるのか自信が持てない、というのが「お金のゲーム」です。

借金で首がまわらない状態は「負けている」、というのは、誰もが理解できるでしょう。でも、たとえば、いい会社に勤めているので稼ぎはいいものの、毎月の支払いはぎりぎりだというビジネスパーソンがいます。この人は果たして、「お金のゲーム」に勝っているのか、負けているのか？　どっちでしょうか。

あるいは、事業のために巨額の借り入れをして、大きなビジネスをやっている人は、負けているのでしょうか？

堅実に毎月の家計をやりくりしている専業主婦は、借金もありません。この人は、負けてはいないと思いますが、勝っている感じもしませんね。

そんなわけで、自分が勝っているのか、負けているのか、よくわからないのが、「お金のゲーム」なのです。

私が40代のとき、日本一の個人投資家といわれた、当時80代だった竹田和平さんに聞いたことがあります。

「60代まで成功していたのに、70代、80代で没落する人って、どんな人ですか？」

答えは、「傲慢《ごうまん》になって、何でもできると思い込んでしまう人」だそうです。

お金のゲームに何十年も、ずっと勝ち続けると油断するのだと思います。ですが、30代で成功しているからと言って、一生お金持ちでいられる保証はありません。

なぜなら、70歳で大きな事業で失敗して、全財産を失ってしまうこともあるからです。

そう考えると、途中までは勝っている感じがしても、後半戦で負けてしまう可能性もあります。だから、そうならないように、お金を貯めることに意識がいってしまって、なかなか使うことができない人も出てきます。

ところで、お金のゲームに、本当にルールはないのでしょうか。

お金のゲームのルールを知らなければ、勝つこともできません。つまり、最低限のルールは何かということを、身につけておく必要があります。

気をつけなければいけないのは、時代を超えて通用するお金のルールと、たまたまそのときに当てはまるルールの2種類があることです。

ルールの最初のカテゴリーには、

「収入の範囲内で生活する」

「自分の稼ぎ力をつける」

「信用を積み上げる」

「応援される人になる」

といったものがあります。

こういうルールは「時代を超えたルール」で、どんな時代にも通用します。

2番目のカテゴリーとしては、「不動産に投資する」「株に投資する」「仮想通貨に投資する」といったものが入ります。

これらは、そのときに当てはまるかどうかをよく見ておかないと、時代の変化でルールが逆になったときには、大失敗してしまいます。

お金に関しては、時代を超えたルールを見つけ出し、それを身につけることが大事なのです。その上で、いま現在で通用しているルールも知っておきましょう。

その両方を身につけた上で、まずは「負けないこと」を意識しましょう。

お金のゲームは、勝ちに行こうとすると、大負けしてしまうことがあります。レバレッジをかけて投資する人は、当たればデカいですが、負けると全部を失うリスクがあります。

もちろん、そういうギャンブラー型の人生がいいという人はそれでいいと思いますが、たいていの人は、安全、安定が大事なのではないでしょうか。

お金のルールは10年に一度、大きく変わる

お金のゲームのルールは、知らないあいだに変わります。

これが、お金に関して、私たちを混乱させる原因です。

人間関係なら、約束を守る、相手に丁寧に接するなど、その基本は、いつの時代も変わりません。でも、**お金に関しては、つい去年まで有効だったルールが、今年はまったく当てはまらないということがよくあります。**

たとえば、この10年、海外では不動産を買ったら値上がりするというルールがありました。中国や韓国などのアジアだけでなく、アメリカ、ヨーロッパでも、2022年までは、そのルール通り、不動産に投資した人は、みんな利益を得ました。

ところが、そのルールは変わってしまい、何千万人、何億人もの人が大パニックになっています。中国では、大規模開発していた不動産業者だけでなく、巨額のお金を貸していた銀行、税収を当て込んだ地方政府も、大混乱です。

オンラインで預金を集めた地方銀行の中には、キャッシュがなくなって、引き出せなくなるということが頻繁《ひんぱん》に起きています。

日本でも、バブル時代のことを年配の人から、なんとなく聞いているかもしれません。バブルが崩壊するまで、株も不動産も、買えば何でも値上がりした時代があったのです。「土地神話」という言葉ありました。いまでは、俄《にわか》には信じがたいことですが、いったんその熱狂の中にいると、冷静さを失ってしまうのです。

韓国では、魂までかき集めてお金を用意するという「魂集族《ヨンクル》」という言葉もできたほど、不動産投資に熱狂する人が出ました。20代、30代のお金のＩＱが低い人ほど、飛びついてしまったのです。

たしかに、過去5年間でソウルの不動産は、倍になり、誰でも儲かる状態になったわけです。その購入者の40パーセントが若い世代で、みんなムリして買ったそうです。彼らは、これからの支払いに苦しむことになるでしょう。

中国でも、ムリをして不動産を買った人たちは、数千万人単位でいます。文化的に、中国では結婚するためには男性が不動産を持っていることが前提となっていて、それこそメンツのために両親が応援してマンションを買うという現象がありました。そんな理由で、中国では、不動産を購入する人の平均年齢が、なんと27歳になっています。

また、中国独特の商習慣（商業取引における習慣）に、マンションが完成する前に、販売価格の全額を払わなければいけないというのがあります。それが、中国の不動産バブル崩壊の問題を大きくしました。

世界的には、不動産が完成後に契約するのが普通で、支払う側のお金は、銀行の特別口座に一時的にプールされ、登記の移転が終わるまで安全に保護されます。

しかし中国では、契約時点でマンションは完成していないことが多く、一括前払いが基本です。不動産のデベロッパーは、受けとったマンションの代金を次のプロジェクトに全額つぎ込む、ということが当たり前のように行われていました。

地方政府の財源も、不動産関係の割合が税収の40パーセントにもなる自治体もあったようで、そんな事情もあって関係者がみんな開発に熱心になったのです。

値段が上がっているうちは何の問題もないのですが、いったん下がり基調になると、あっという間に資金繰《ぐ》りがショートしてしまいます。マンションやビル工事の関係者への代金が払えないために、途中でプロジェクトが止まってしまっています。

中国のバブルが崩壊したのと時を同じくして、世界中の不動産が大幅に下がるリスクが出てきました。実際に、サンフランシスコの商業地では、空室率が30パーセント以上になり、周辺の不動産も暴落しています。都心部に人が来ないので、レストラン、ショッピングセンターも撤退し、何軒もの有名ホテルも撤退しました。

イギリス、ドイツ、オランダでも、不動産の値段が大幅に下がりました。不動産から一旦お金が抜け始めると、トランプのババ抜きみたいになります。

世界で何が起きているかということも、しっかり見ておきましょう。

30年に一度、お金のルールは大激変する

何度も言いますが、お金のマイナールールは、だいたい10年ぐらいで変わります。そういうルールの変化に、一般の人はついていけません。そのために、株でも不動産でも、仮想通貨でも、ブームのピーク時には、お金のIQの低い人が高値づかみをして、結果的に大損することになるのです。損するのは、たいてい情報弱者です。

お金のルールは10年に一度の割合で大きく変わり、30年に一度、大激変します。

「大激変」というのは、それまでの10年に一度の変化が小さく思えるほどで、そのタイミングでは、プロも巻き込まれてしまいます。

プロであるほど、それまでの職業人生の大半で通用したルールが無意識のうちに身につ

いてしまっているので、大きな変化の流れを見誤ってしまうからです。

『JUST KEEP BUYING　自動的に富が増え続ける「お金」と「時間」の法則』（ニック・マジューリ著、ダイヤモンド社刊）という本が出版されていますが、「Keep buying」とは、「とにかく買い続けろ」という意味です。原書は2022年に出版されましたが、まさしく、その典型でしょう。いままでは、この本の通りに投資した人が利益を出せました。ですが、すでにトレンドが大きく変わっているかもしれないのです。

お金の本は、仮想通貨でも米国株でも、すごく儲かった人がその体験を書いて、それがベストセラーになるので、その本が出る頃には、間違った情報になることが多いのです。

私が、お金の具体的なことを本に書かないのは、古書店で私の本を手にとった人が間違った投資をしてしまう可能性があると考えるからです。

執筆した2023年時点では正しくても、2025年には、まったく見当違いになる場合があります。私の八ヶ岳にあるライブラリーには、1985年のバブル時代に書かれた本を収めた本棚のセクションがあります。いま読み返すと、「不動産に投資しないのは、バカだ」と言わんばかりの、当時のイケイケの様子が伝わってきます。時代の空気感に飲まれてはいけないと、パラパラページをめくっては、未来への戒《いまし》めとしています。

私の見立てでは、これから始まる大きな変化は、30年に一度どころか、100年に一度の超ド級の激変の可能性があると感じています。資本主義の成り立ちの根幹を揺さぶることになるでしょう。

中国も、いまの中途半端なやり方では、国が成り立たなくなってしまいます。個人資産を国が没収するなど、劇的な政策がなければ乗り切れないでしょう。中国本来の共産主義に戻っていく可能性が出てきたと思います。

他の国では、個人資産を接収することができませんが、中国なら可能です。個人の資産を国庫に取り込むことでしか、これからの混乱を収められないのではないでしょうか。

そして、その後、また大きな変化が起きることは間違いありません。

欧米でも、金融システムが、大きく傷《いた》んでいます。不動産バブルが最終段階に来ていて、商業不動産から崩れていく可能性があります。

アメリカの財政赤字は、日本円で換算すると4800兆円にもなっています。数年おきに、債務上限問題で「アメリカはデフォルト（債務不履行）か？」とやって、そのたびに問題なく延長してきました。まるで八百長ゲームのようですが、しかし、いよいよ限界に近くなってきたのではないかと考えています。

金利が高くなってきたので、利払いだけで200兆円以上です。日本の国家予算が110兆円、実際の税収は57兆円です。つまり日本の税収の約4倍の規模です。

ヨーロッパも、大きな岐路《きろ》に立っています。

イギリスは、高金利で住宅ローンの延滞者が大幅に増え、不動産も大幅に値下がりしてきました。ドイツ、イタリア、フランスもそれぞれ大きな問題を抱えています。

これから、世界がどうなっていくのか、しっかり見ておきましょう。

いままでは、個人の生活にそこまで影響を与えなかったのが、これからは、世界の裏側で起きることが、一瞬であなたのところに津波のようにやってきます。

いよいよ大変化の時がやってくる！

これから新しい時代がやってきます。

もし、バブルが崩壊して世界経済が立ちゆかなくなっていくとしたら、いまの仕組みがいったんはダウンして、新しいシステムがつくられることになるでしょう。

コロナ以降、先進国は国債を発行して、大量にお金を供給しました。そのおかげで、一時的なカンフル剤にはなり、世界中の経済が一時的に上向きましたが、その効果もそろそろ切れてきました。一例として、コロナの補助金を貯金していた世界中の中間層の人たちの貯金が、ほぼ底をついてきました。アメリカでは、クレジットカードの残高が初の1兆ドル（145兆円）を超え、延滞率も高くなっています。金利も上がっているので、今後は個人が使えるお金が減って、消費が大幅に落ち込むのは間違いないでしょう。

景気が世界的に減速すれば、インフレは落ち着きますが、こんどは逆回転を始めることになります。消費が大幅に下がると、物価が下がり、給料が下がり、景気がどんどん悪くなっていきます。

そんな状態で金融システムがダウンすれば、いよいよ今のシステムが立ちゆかなくなります。そうなったときは、どんな新しい仕組みを構築できるのかをテーマにして、G7（先進7カ国）とかG20で、何度も話し合いが持たれることになるでしょう。

そうなる可能性も見つつ、万が一のことも考えて、個人として何をしておけばいいのかについて、いまのうちに考えておきたいところです。

お金のIQ、お金のEQに合わせて言うと、手元にあるお金をどうするか、また、変化に備えてメンタルも整えていくことが必要になってきます。

最後の章では、お金のIQ的、お金のEQ的の両方から、これからの新しい時代のお金とのつき合い方について見ていきましょう。

これまでの歴史をひもとくと、この数百年間は、国家も個人も経済至上主義で、自国の(自分の)お金を増やすことに執着してきました。

現在の資本主義は、長く見て400年、イギリスの産業革命以降だとすると260年の歴史があります。労働力が必要になったことがきっかけとなって、奴隷貿易が始まりました。そして、過剰に創り出した製品の売り先として、こんどはヨーロッパ列強の植民地開拓が始まりました。第一次世界大戦も、第二次世界大戦も、アジアやアフリカを植民地にしたヨーロッパの強欲さが、その遠因であると言っても、おかしくないでしょう。

もし、当時のヨーロッパやアメリカ(そして、もちろん日本も)の人たちが、「みんなで、仲よくしよう」と本気で考えていたら、数千万人もの死者が出るような戦争にはならなかったでしょう。もちろん仮定にしても、とっても考えにくいことですが……。

資本主義の歴史は、ずっと「富を独占し、増やす」ことが、至上命題でした。そのために、他国の領土、資源、人材を我がものにするために、戦争をするようになったのです。

マネーゲームに唯一ルールがあるとすれば、それは、「とにかくお金を増やすこと」でしょう。お金さえ増やしていけば、得点が増えていき、いずれは勝てると、何百年ものあいだ信じて行動し続けてきたのです。国家の場合も、個人と同じで、どれだけ富を蓄積したら勝ちなのか、という明確なゴールはないわけです。そこで、「富を奪え、そして、増やせば勝ち‼」というのが、ゲームのルールになりました。

この何百年間、ごく少数の個人と国家が「富に対するあくなき欲望」を満たそうとしたために、苦しんだ人、犠牲になった人は、どれだけの数になったでしょうか？

戦争で殺されたり、ケガをしたり、住み慣れた土地を奪われたり、何億人という人たちが大きな影響を受けました。すべての苦しみが、お金のせいだったわけです。そのために、人は、お金に対して、怒り、憎しみ、妬み、絶望を感じてきたのです。

理由もなくお金を求める姿勢は、そこまでひどくなくても、戦後もずっと続いていて、それが現在の世界的なバブルを引き起こしています。

私たちは、そういう暴力的な資本主義が、いよいよ終わろうとする、最後の姿を見ているのかもしれません。

新しい時代への準備を始めよう

では、個人のお金に関しては、どんな準備をしておけばいいのでしょうか。

いまの資産が100万円の人と500万円の人、1000万円の人では、その対策は違ってきますが、大枠だけでもお伝えできればと思います。

こういうときの考え方は、最大限お金を増やすとか、価値をキープするというものではありません。どちらかというと、非常時に困らないための備えだと考えてください。

経済システムが大幅に変わるとき、全部がひっくり返る前提で考えておいたほうが、いざというとき、慌てず、腹をくくれると思います。

ここで大切なのは、「資産」と「負債」について知り、考えておくことです。

資産があれば、そんなに慌てることはないし、負債がある人は、困る可能性があります。

でも、非常時には、資産があったとしても、その資産の種類によって、大幅に目減りすることもあります。

いまの世の中では、現金、預金の価値は、相対的にどんどん目減りしています。でも、一方で、いま不動産や株を買っても、値段が大幅に下がる可能性もあります。

この本は、具体的に○○を買えという指南書ではないので、細かなことは話しませんが、基本的な考え方については、お伝えしたいと思います。


いまの有形資産を、いくつかの種類に振り分けておくこと。

いまの有形資産を、無形資産に変えておくこと。


この2つは、とても大事で、いますぐにやっておいてもらいたいことです。

その前提となる資産、負債に関して、もう少し説明しましょう。

有形資産、無形資産がどれだけあるか、チェックしておく

あなたには、資産はどれくらいあるでしょうか？

また、負債は、どれだけあるでしょうか？

資産があって負債がない人もいれば、資産と負債と両方ある人もいるし、負債しかない人もいます。

これからの時代は、この資産と負債の定義も違ってくると思いますが、簡単に説明すると、「資産はあなたに豊かさをもたらすもの」「負債は、あなたから豊かさを奪うもの」だと考えてください。

資産には、有形資産、無形資産がありますが、負債にも同じく、有形、無形があります。

それがどのようなものかをもう少し説明しましょう。

有形資産とは、形がある資産のことで、建物や土地などの不動産、株式、車や絵画、時計などです。現金、預金、それに仮想通貨も（目に言えませんが）有形資産として考えてください。有形資産の特徴は、お金に換算して、経済価値を数字で表すことができます。

一方、**無形資産は、文字どおり形のない資産です。その人の幸せな心、豊かな人間関係、健康、経験、知識、才能、スキル、親切さなどが無形資産に当てはまります。**無形資産は、有形資産と同じく、あるいはそれ以上に大事なものだと思いますが、有形資産とは異なり、その価値を金額に換算しにくいものです。

資産形成について考えたとき、多くの人は、有形資産ばかりに目を向けがちです。

もちろん、有形資産は、人生を豊かに生きる上ですごく大切なものです。ただ、有形資産はあくまでも、他の資産に変えやすく、生活を便利にしてくれるものに過ぎません。有形資産だけがあっても、豊かで幸せな人生にはならないのです。

無形資産は、誰にも奪われないものです。経験、信用、学歴、資格、知恵、人脈、情熱といったものは、本人に属するもので、他人が奪うことはできません。国が税金をかけることもできません。課税する計算方法がないからです。かといって、それに価値がないかというと、そんなことはありません。

賢い人は、有形資産と無形資産と両方を着実に増やす生き方を選んでいます。

いまは、有形資産に重きを置いている人が多いですが、新しい時代では、有形資産よりも、無形資産が評価されることになると思います。お金や不動産に価値を見いだす人が減って、つながり、信頼、感謝、応援などに、人の意識が移っていくと思います。

あなたに、無形資産である学歴と経験、人脈、情熱があれば、どんな分野でも、必ず成功できます。そう考えると、あなたの無形資産が充実したものであればあるほど、そのぶん有形資産も充実させやすくなるのです。

この考え方は、いまでも通用しますし、これからますます大切になると思います。

いまの「有形資産」を未来の「無形資産」に替えていく

無形資産が大切な理由は、他にもあります。それは、無形資産が、時代を超える価値と影響力を持つことです。

たとえば、ある会社の株を1億円分持っていても、その会社がある日倒産してしまえば、株の価値も消えてなくなります。不動産も、地震や津波、洪水などの天災で、その資産価値が大幅に目減りしてしまう可能性があります。

また、もし預金封鎖《ふうさ》が行われたら、銀行に預けてあったお金が引き出せなくなります。どれだけ大金を預けていても、お金を引き出せなかった間に新紙幣が発行されて、旧紙幣から新紙幣への交換を制限されてしまえば、その資産の価値は、相当部分が失われることになります。日本でも昭和21年に預金封鎖がありましたし、今後も可能性としては十分にあると考えておいたほうがいいでしょう。

現金の一部を金、プラチナ、銀などの貴金属に替えておくのは賢いと思います。ですが、貴金属を換金するときに、大幅に課税されるようになると、やはり資産価値が何分の1というレベルで目減りすることになります。有形資産というのは、政治、災害などの外部要因によって、その価値が大きく上下するものなのです。

いろんなリスクはありますが、有形資産の中でも、手持ちの現金や株、不動産を何に振り分けておくかは、考えておくべきでしょう。

資産があまりない人は、無形資産に意識を向けるといいと思います。

無形資産は、政治や災害などの影響を受けません。

人脈、信用、資格に課税しようとしても、その価値を数値で測るのは不可能です。また、災害で人間関係が消失するわけでもありません。無形資産には、環境や時代の変化を乗り越える力があるのです。何世代も続く資産家は、このことをよく理解しています。私が人生の教えを受けたユダヤ人のメンターたちも、この無形資産をふだんから意識していて、いざというときは、身ひとつでどこにでもいく覚悟を持っていました。

無形資産には、前に挙げた以外にも、さまざまなものがあります。

なかでも、**才能、資格、経験、知識、人脈、コンテンツ、顧客リスト、人気などは、比較的すぐにお金を生み出すことができます。**

いまの有形資産であるお金を使って、新しいことを学んだり、資格を取ったり、人脈を広げておくことは、とても言い投資になると思います。

逆に、家族、友人、健康、趣味などは、換金できなくても、あなたの幸せにとって大切な無形資産ではないでしょうか。お金がどれだけあっても、すばらしい人間関係、家族、友人がいなくて、趣味もなければ、砂を嚙《か》むような人生になってしまいます。

あなたが助けてあげた人は、あなたのお子さんやお孫さんに恩返ししてくれるかもしれません。そうやって、無形資産は、時代を超えて受け継がれるのです。

100年に一度の備えはできてますか？

これから、やってくるかもしれない変化の可能性に関しても見ておきましょう。

経済でも人生でも、いろんな可能性をたえず見ておくのは大事です。

なぜなら、**想定外のことが起きたとき、人はパニックになりますが、あらかじめ考えておけば、そこまで大変ではないからです。**

「仕方がないなぁ。プランBでいくか」といった感じで、予定していた対策を淡々とこなしていけばいいのです。

もし、100年に一度の変化が起きた場合、株の暴落では済まなくなります。不動産だけでなく、あらゆる資産価値を持ったものの値段が下がる可能性があります。

売上が上がらない。給料が下がる。消費が減る。
こうした不況スパイラルがスタートしたときに、あなたが個人で考えておかなければいけないのは、

「いまの手持ちの現金や資産をどうするのか」

「仕事をどうするのか」

の2点です。

個人資産を銀行預金で持っておくだけでは、価値が相対的に目減りしたり、場合によっては、中国みたいに預金が引き出せなくなる可能性も出てきます。

日本では、2024年に新円切り換えが行われます。どういう段取りで行われるのか、ちゃんと調べておいたほうがいいでしょう。

1930年代の世界大恐慌時代でも、手に職があったり、世の中に役立つサービスを提供していた人は、問題なく生活できています。これからやってくる可能性のある大失業時代でも、まったく同じことです。

さあ、あなたはどうでしょうか？

「手に職があるから、自分はぜんぜん安心だ」と思える人は、ごく一部でしょう。たとえ手に職があったとしても、本当に大丈夫なのかなぁという不安を払拭《ふっしょく》できない人もいるはずです。

これから私たちが行く場所は、未知の世界です。

自分が知らないこと、自分の経験にないことには、人は躊躇《ちゅうちょ》し、恐れを感じるものです。

私は、この本で、あなたを怖がらせたいのではありません。その反対に、恐れなくていい、逆にワクワクすることもできると、知ってほしいのです。

これから何が起こるのか誰も予測できませんが、こういう大きな変化は歴史を見ると、人類は何度も体験しています。

どんなことがあっても、人は、それを乗り越えていくのです。これまでもそうだったし、これからも同じでしょう。「新しい世界ってどんなものだろう？」と好奇心から見ることができたら、楽しいと思いませんか？

本章のまとめ

- 時代を超えた「お金のルール」を見つけ出し、それを身につけることが大事
- お金のルールは10年に一度の割合で大きく変わり、30年に一度、大激変する
- いまの有形資産、無形資産をチェック、有形資産はいくつかの種類に分け、未来の無形資産に替えていく
- 無形資産である学歴と経験、人脈、情熱があれば、どんな分野でも、必ず成功できる
- 「いまの手持ちの現金や資産をどうするのか」「仕事をどうするのか」の2点を考えておく

5

お金にまつわる「過去の自分」を癒やす

私たちは、お金のことでいっぱい傷ついてきた

私たちは、これまでに、お金のことで悩み、心配し、不安を感じ、絶望してきました。

小さい頃、あなたはお金のことで何回くらい両親に叱られたでしょうか？

お金のことで感情的になって、イライラして怒った大人をたくさん見たでしょうか？

あなた自身も、時にはお金のことで、誰かを批判したり、怒りを感じたりしたこともあったと思います。**ふだん温厚な人でも、お金のことになると、人が変わったように感情を表に出すことがあります**。あなたも、その一人でしょうか？

逆に、臨時にお金が入ってきたり、仕事がうまくいって、喜んだりワクワクしたこともあったはずです。

どちらかというと、お金に関しては、ポジティブなことよりも、ネガティブな体験のほうが多かったのではないでしょうか。

それは、小さい頃から、お金のことでほめられるよりも、叱られたり、批判されたり、からかわれたことのほうが多かったからです。両親の離婚ほど大きなドラマでなくても、誕生日に欲しいものを買ってもらえなかったというのは、本人にとっては大事件です。

本当に欲しかったものや、やりたかったことが、お金のせいで実現しなかったことも、とってもつらい思い出になっていると思います。

あなたにも、お金に関して傷ついてきたことが、何度かあったのではないでしょうか？

ピアノやバレエのレッスン、サッカー、絵画教室、英会話などの習い事。

自分の家にお金がなかったせいで、自分がそれをやりたいということさえも言い出せなかったかもしれません。私にもそういう体験があるので、よくわかります。

これから、一緒に、お金がらみで過去に起きた自分の痛みを癒やしていきましょう。

よくあるお金のドラマ「借金と破産」「離婚」「いじめ」

これまでの人生で、お金のドラマを経験したことがないという人はほとんどいないと思います。ただ、それがすぐにお金のトラウマになるかは、私たちの反応次第です。

お金にまつわる経験がそれほど気にならなかった場合、その経験はとっくに記憶から消えている可能性が高いのです。

ですが、お金のトラウマは、30年、40年前であっても、そのことが今でも影響していることがよくあるのです。

お金のトラウマには、どんなものがあるか、見ていきましょう。ひょっとしたら、しばらくぶりに、そういうことがあったことを苦々しく思い出すかもしれません。

借金と破産

借金をして返済に困るというのは、ごく一般的にあるお金のドラマです。

両親のどちらかの病気、ケガ、事故などで職を失ったり、ギャンブルやクレジットカードの依存症で大変な目に遭ったりしたかもしれません。理由は何であれ、あなたが子どもの頃、この種のドラマがなかったか、思い出してください。

こういうタイプの問題は、子どもの頃から、長期にわたって悪影響を与え、大人になってからも、セルフイメージの問題というかたちで現れることがあります。

自分でも借金をつくったり、お金の問題を抱えたりしたことで、自分は価値がなく、ふさわしくなく、家族を養うことができないと思い込んでしまうかもしれません。

借金にどのように反応するかで、自己イメージとお金を持つことがどれだけ深く結びついているかがわかります。

離婚

離婚もまた、トラウマになりやすいお金のドラマです。

両親が離婚すると、ほとんどの場合、お金がからんできます。

離婚の理由の一つでなくても、離婚後に誰が何を手に入れるかをめぐって争う過程で、お金がからんでくるのはよくあることです。

家族のケンカにお金がからむというドラマに加え、多くの子どもたちは、離婚によって、両親のどちらかが自分たちのもとを去ってしまうという喪失感《そうしつかん》にも苦しみます。

子どもの頃は、親の離婚は、自分の責任だと感じがちです。それを癒やさなければ、そのことが非常に深いかたちで影響し、一生続くこともあります。

お金のことで怒鳴られる

他の例ほど「劇的」ではなくても、これも多くの人の子ども時代に見られるお金のドラマです。ストレスにさらされている親は、「自分は買えないもの」に子どもがお金を浪費したり、一緒に買い物に出かけたときに子どもが駄々《だだ》をこねたりすると、子どもに対してキレることがあります。

お金のことで親に怒鳴《どな》られたり、キレられたりすると、子どもは、自分が欲しいものを欲しいと言うことさえ、罪悪感を感じるべき悪いことだと思い込んでしまうのです。ふだんおとなしい父親、母親が怒鳴ったりすれば、よほど自分が悪いのだと感じたはずです。

それが知らず識《し》らずのうちに、自分のトラウマになっていることがあるかもしれません。

いじめ

子ども時代に誰しも経験するお金のドラマは、いじめです。

毎日同じ服を着ていて友だちにからかわれたり、姉や兄、親戚の誰かのお下がりをもらったりしたことで、恥ずかしい思いをした人は多いでしょう。

また逆に、裕福であることを理由に、仲間はずれにされるということもあったかもしれません。

嫉妬《しっと》した同級生に、ものを盗まれたりすることもあります。

子どもの頃、私たちは金持ちであろうと貧乏であろうと、家族の経済的状態のせいで、他の子と違うと思われることに、準備ができていなかったのです。

時には、裕福であることを隠したり、逆に、いいものを持っているように見せようとして、見栄を張ったりしたかもしれません。

何かを見せびらかしたり、隠したりしたのは、恥や罪悪感のせいです。

どちらにしても、イヤな感じがしたはずです。いまでも、気恥ずかしかったりするのは、子どもの頃の体験です。

嫉妬や妬み

目に見えるいじめだけが、トラウマになるわけではありません。

素敵なオモチャを持っている友だちがいて、それに対して、羞恥心《しゅうちしん》や嫉妬、羨望《せんぼう》を抱いただけということもあります。

幼い子どもは、家庭環境に関係なく、ほとんどの子を自分と同じだと思って受け入れるのが普通です。

ですが、ある年齢になると、どの家庭も同じように裕福（あるいは貧乏）ではないことに気づき、その気づきが、嫉妬や妬《ねた》みを生むのです。

そのどす黒い気持ちは、大人になっても、そう簡単になくなるものではありません。

こういういろんなドラマによって、私たちはそうとう傷ついています。自分でも、認識できないぐらい苦しんできたので、無感覚になっている人も多いでしょう。

お金をめぐる経験がトラウマのようなものになってしまうと、お金にまつわることは一切考えられなくなります。

お金と向き合うためには、一時的に苦しくても、自分と向き合って、過去の痛みを癒やす作業がどうしても必要なのです。

子どもの頃に何が起こったかを等身大に理解する

子どもの頃、お金のことでつらかったことを何か覚えていますか？

欲しいと思ったものが、買ってもらえなかったというのは、誰にもあることでしょう。

たとえば、ある人はバレエを習いたかったそうです。

親にそう言うと、「バレエって顔か」と笑われたそうです。

ある人は、やはり習い事をしたいとお願いしたら、「どうせすぐやめるから、お金の無《む》駄《だ》だ」と言われたそうです。

「お金がないからダメだ」と言われたほうが、まだマシだったかもしれません。

あなたにも、どうしても欲しかったものや習いたかったことがありませんでしたか？

そういう場面を思い出したら、そのときに何が起こったかを理解します。

父親や母親は、お金がないせいで、子どもに好きな習い事をさせてあげられないことに、イヤな感情を味わっていたはずです。

彼らに感情的な知性があれば、自分に対してのネガティブな感情を整理してみた上で、こう話しかけたでしょう。

「お父さんとお母さんはね、一生懸命仕事をしているんだけど、十分なお金がないんだ。おまえに習い事をさせてあげる余裕は、残念ながら、いまの家にはない。ごめんね。お父さんとお母さんがもっと稼げればよかったんだけど、申し訳ない。仕事、もっと頑張るから許してね。来年には、お金を出せるように、頑張るからね」

そんなことを言われたら、子どもは「私も頑張る！」と言って、家族のお互いへの愛は増したかもしれません。でも、お金を使うことを揶揄《やゆ》されたり、批判されたりして、言い出したほうが悪いようにされてしまうのが普通です。大人になった今のあなたなら、当時の両親が十分な感情的な知性を持っていなかったことはわかるでしょう。

「いまでも感情的にめちゃくちゃなんだから、仕方がないかな」と考えて、当時若かった両親が、子どもであるあなたと、ちゃんと向き合えなかったことが理解できると思います。

癒やしは理解、そして許しから生まれます。

もう一度、さっきの場面、自分と両親がいる台所かリビングに戻りましょう。今回は一人で痛みを体験するわけではありません。

子どもの頃の自分が、お金のトラウマの痛みを経験しているのを目撃するのです。

大人になった今のあなたには、子どもの頃に経験した痛みに、まったく新しい視点を加える力があります。

痛みを経験して泣いている子どもの頃の自分を観察したら、その子どもを抱きしめて慰め、一緒に泣くことを自分に許してください。何が悲しいのか、聞いてあげてください。

幼い頃の自分に、両親があなたのことを嫌っているんじゃないんだよって、教えてあげてください。

そのことを一緒に悲しむことを自分に許し、いままで抑圧《よくあつ》してきた感情を、これ以上自

分の中に留《とど》めておかないようにしてください。

次に、若くて未熟な両親も、子どもにどう接していいか、悩み苦しんでいるのを見てあげてください。彼らも、まだ親になったばかりで、わからないことだらけです。

二人を抱きしめて、痛みを分かち合いながら、彼らも理解してあげてください。痛みを分かち合うと同時に、あなたが小さい頃の自分にしてあげたように、彼らにも愛と理解を与えてあげましょう。

あなたを育てていたとき、彼らはそのときに持っていた観念と知識で、彼らなりのベストを尽くしていたのです。彼らもまた、成長期に多くのトラウマを経験し、それは長いあいだ、癒やされないままでした。あなたの両親の痛みを感じてあげましょう。

両親と自分自身に理解を与えたら、次は許すことです。

許すというのは、自分に起こったことはすべて問題なかったとすることではありません。

あなたが許した人が、なんの責任もとらずに、悪いことをしていい、ということでもありません。

許すとは、手放すことであり、恨みを引きずることなく、前に進むことを自分に許すことです。

両親もまた、自分の両親から受け継いだ生い立ちや限られた観念のために、制限的な人生を生きました。成長過程で、トラウマとなるような経験もあったわけです。そういう両親を理解し、許してあげられるでしょうか。

あなたの両親も、あなたと同じように、できる限りのことをしたにすぎません。それが、あなたにとっては、不十分だっただけで、彼らのなかのベストだったのです。もちろん、もっとできたと思います。そして、他のことに気を取られて、あなたのほうを見ていなかったのは間違いありません。完璧な子育てができなかったことに対して、未熟だった（そして、たぶん今でもダメでしょう）両親を許してあげられるでしょうか。

まだまだ、許せないという人がいるかもしれませんが、それはそれでいいと思います。

両親のこと、そして、祖父母のことと親子3代の生き方を見られるようになって、初めて自分のことも見えてきます。

私自身の癒やしのストーリー

両親とのお金の癒やしの話題になると、私は2つのことを思い出します。

それは、小学生のときに欲しかったマウンテンバイクと、高校生のときに行きたかったオーストラリアでのホームステイです。

小学生のときは、「まだ早いし、値段が高すぎる」と言われたのが、ショックでした。自分には、そんな価値がないんだと、固まって息が詰まったことを覚えています。

ホームステイのほうは、どうしてもオーストラリアに行きたかっただけに、悩み、苦しみました。英語が大好きだったので、まだ高校生のうちに行ってみたかったのです。

まず母にパンフレットを見せました。そして、いかにこれからは国際化が進んで英語が必要になるかプレゼンしました。母親は納得した様子でしたが、こう言いました。

「お父さんが機嫌のいいときに、この話をしてみてね」

その頃、アルコール依存症でお酒を飲んでは暴力をふるう父に、機嫌のいいときなんてありません。うちでは、「この話はしてはいけない」というのと同じ意味です。

その後、ずっとカバンにホームステイのパンフレットを入れておいて、父親の機嫌のいいときを待ちました。でも、そのタイミングは訪れませんでした。下手に話を持っていくと、そのストレスでお酒を飲み、暴力的になる引き金になってしまうからです。

そして、ホームステイに行くメンバーが出発する当日、空を飛んでいる飛行機を見て、「いいなぁ、海外で英語が勉強できるなんて……」と涙しました。

ホームステイのことを言い出せなかった自分に対して怒りもしたし、悔しく感じました。

でも、自分のやりたいことを突き通すと、父が暴れ、母や姉、弟に暴力をふるうことになる。それはできない。だから、「自分さえ我慢すればいいんだ」と思ったのです。

いま、家族のことを考えて、自分の大好きなことができない、という人の気持ちが痛いほどわかるのは、自分にもそういう経験があるからです。

オーストラリアに関しては、ずっとハートブレークが続き、何度かチャンスはあったのに、行けずじまいでした。この痛みが癒やされたのは、55歳になってからです。実に40年もかかりました。

世界一周したときに、最後に講演をする場所として、オーストラリアを選びました。

ロサンゼルスからブリスベンへの機中で、もう亡くなった両親のことをあれこれ考えました。私が行きたかったオーストラリアに、本当は母も行かせたかったと思います。そして父も、私が当時、本当に頼んだら、OKしてくれたかもしれません。

イメージの中で、右手に父親、左手に母親の手を握り、3人でタラップを降りました。そこに、コアラとカンガルーが、「オーストラリアへようこそ！」というプラカードを持って、待っている感じがしました。両親と一緒に、オーストラリアに着いたとき、胸が一杯になりました。「お父さん、お母さん、オーストラリアに来たよ‼」

40年前のお金のトラウマが、癒やされたのです。

両親、祖父母の人生の苦労を想像してみよう

子どもの頃のお金のドラマを思い出したなら、次のステップに進みましょう。お金の無駄遣いであなたを怒鳴りつけたとき、彼らにとって何が起こっていたのか？はっきりわからなければ、親に尋ねてみるのもいいでしょう。でも、自分の想像力で空白を埋めることもできます。

たとえば、多額の税金や借金を支払うことにストレスを感じていたのでしょうか？借金とりから、毎日電話がかかってきていたのでしょうか？必要だとも思っていないことにお金を使うストレスに耐えられない、単なる「節約家タイプ」だったのでしょうか？

一度立ち止まって、両親や保護者の視点から物事を見るようにすると、実際に何が起こっていたのかの洞察《どうさつ》が深まり、子どもの頃にお金の問題を自分のせいにしていたことに気づくかもしれません。また、このプロセスを経ることで、必ずしも親たちのせいではないことにも気づくことができます。

彼らもまた、自分たちが受け継いだ制限的で有害なお金の観念と、成長期に経験したお金のトラウマの影響下で、できる限りのことをしていたのです。

また、祖父母の人生を俯瞰《ふかん》してみましょう。なぜなら、祖父母の人生があって、それがあなたの両親につながっているからです。

両親の視点で物事を捉え、両親の気持ちを想像すると同時に、祖父母の人生を想像してみましょう。

彼らなりに大変なことがあって、いまのあなたに命がつながっています。戦争で全財産がなくなったとか、不景気でリストラされて大変だったとか、そういうことを理解して初めて、あなたの両親に対しての理解も深まると思います。

過去の痛みを癒やし、自らつくった制限をはずす

過去の痛みを癒やすことは、自分でも気づいていないほど多くの制限的な観念や制限を手放すことになります。そのプロセスには、自分自身に正直であること、自分の過去や痛みと向き合う勇気が必要です。すべての制限に別れを告げたとき、あなたは人生の豊かさを意識的に選べるようになります。

最初のステップは、現実をありのままに直視することです。

そして、自分の内面を見つめ、自分の人生を支配している傷の棚卸しをすることです。

痛みを癒やした後は、自分の人生がどうあるべきかを自分で判断することなく、ありの

ままを受け入れ、許すことも必要です。

そうして初めて、周囲を見渡し、あらゆる可能性を観察することができます。自分が思っているよりも、はるかに多くの可能性があることに気づくかもしれません。

私たちには、毎日、どんな瞬間にも、たくさんの選択肢とチャンスがあります。

毎日、目覚めるたびに、私たちは新鮮なエネルギーで、これまでとは違うことをする選択肢を与えられています。

いま、新しい選択をするとき、あなたにはたくさんの可能性があることを知ることができ、より大きな自由を手に入れることができます。

そして最後に、**自分の選択に対して行動を起こすこと！**

外に出て、実際に行動するのです！

今日できる行動をリストアップし、それを実行に移してください。

この癒やしのプロセスを何度も繰り返していると、常に新しい選択肢が提示され、癒やされていくのがわかるでしょう。

許しのプロセスで、お金との関係を浄化する

私たちは、お金のストレス、家族から受け継いだお金の設計図に大きな影響を受けていることがわかったと思います。そのせいで、いまのお金のタイプになり、お金にある意味で支配されているわけです。

また、私たちは、お金にさまざまな感情を投影し、自分の問題や苦しみをお金のせいにしてしまいがちだということもわかったでしょう。

生活の中で流通しているお金が、たくさんの人を苦しめています。

私たちの投影のせいで、攻撃マネー、呪《のろ》いマネー、虐待マネー、罪悪感マネーなど、さまざまなマネーが存在しています。私たちが持っているお金は、私たち自身の考えによっ

てひどく傷つけられている、とも言えます。

お金を癒やすとは、人生での悪いことのすべての責任を負わされ、恨《うら》み、嫉妬、怒りをすべて吸収するという不公平な状態から、お金を解放してあげることを意味します。

そして、私たちを傷つけた（と思っている）両親、親戚、兄弟姉妹、先生、先輩、友人、上司を許すというプロセスでもあります。

許しのプロセスは、あなたとお金のあいだにあるネガティブなエネルギーを浄化してくれます。罪悪感、羞恥心《しゅうち》、競争心など、お金のまわりには多くのエネルギーが渦巻いているからです。

お金からネガティブなエネルギーや感情を浄化することで、私たちはまったく違う人生を歩むことができるようになります。浄化が起きた後、お金は再びニュートラルなエネルギーとなり、何にでも変容する力を持つようになります。

機能不全に陥った私たちの人生は、多くの場合、お金との機能不全な関係によってつくられているからです。

お金との関係を変えると、人生がまったく違った視点で見えてきます。

たとえば、「お金は悪いものだ」「自分はお金を受けとる価値がない」という長年の思い込みを癒やした人は、お金には愛があり、不思議な力を持っていることに気づきます。

お金が、幸せや安心、チャンスをもたらすことが、リアルに理解できるようになるのです。たくさんの気づきを得ながら、お金に関しての束縛から、自由になっていきます。

お金と恋に落ち、お金が人生を豊かに流れることへの抵抗を手放せば、まったく違う世界が見えてきます。

お金は決して私たちを見捨てません。

あなたから、逃げているわけでもありません。

逃げているのは、いつも、あなたです。

私たちは自分の態度や観念によって、自分自身をお金から遠ざけているのです。

小さな制限となる観念を一つ癒やすだけで、人生に大きな影響を与えることができるのです。

お金のストレスは「人生の課題」をはっきりさせてくれる

お金の癒やしが進むと、日常的には、お金のストレスがぐっと減ると思います。

でも時々、お金のことで痛みを覚えたり、イライラする場面が出てきます。

そういうときに、自分の内面を見ていくと、いまの人生の課題がはっきりと浮き彫りになることがあります。

お金を使うときに、ふと心配になり、これを補うだけのお金が入ってこないかもしれないという不安を感じることがわかります。どんなことがあっても、お金は入ってくると信じられていたら、どれだけお金を使っても、なんとも思わないはずです。

大きな買い物をしたり、スクールとかの申し込みで大きな金額を振り込んだりするとき、一瞬、不安がよぎることがあります。

そういうときに、

「いま、自分は、お金の不安を感じているんだな。

ということは、将来お金が入ってこないって、どこかで感じているのかなぁ？

人生を信頼するっていうことをもう一回やってみようっと。

大丈夫、大丈夫」

と自分で分析してから、受けとめてあげましょう。

お金を受けとったり、使ったりするとき、どんなポジティブな感情やネガティブな感情を持つか、紙に書いてみることをお勧めします。

お金のストレスがどこから来るのかを理解したら、次のステップは自分の観念を見てみることです。

観念は私たちの人生を内側からつくり出しているものであり、何を癒やす必要があるのかを教えてくれるでしょう。

お金の不安を感じたら、紙に書いてみる

お金を受けとったとき

ポジティブな感情

例「こんなにもらえて、うれしい！」

・
・
・

ネガティブな感情

例「これだけもらって自分は何か返せるのか不安」

・
・
・

お金を使ったとき

ポジティブな感情

例「欲しかったものが買えた！」

・
・
・

ネガティブな感情

例「カードの引き落としは大丈夫だろうか」

・
・
・

本章のまとめ

- お金のトラウマは、30年、40年前であっても、いまも影響していることがある
- いままで抑圧してきた感情を癒やして、自分の中に留めておかない
- お金に関するネガティブなエネルギーや感情を浄化することで、まったく違う人生を歩むことができる
- 自分の態度や観念が、自分自身をお金から遠ざけている
- お金は愛にも呪いにもなり、不思議な力を持っていることに気づく

6

お金と、新しく出会い直す

お金とのつき合い方が変われば、人生は変わる

これまで読み進めてきて、あなたのお金に対する考え方も、だいぶ変わってきたのではないでしょうか？

自分が気づかないうちにお金のゲームをさせられていたこと、お金にはルールがあること、また自分のお金のタイプなんかも理解できたと思います。いまのあなたは、これまでと違うお金とのつき合い方ができるかもしれない、と感じ始めているかもしれません。

最後の章では、「**お金と、新しく出会い直す**」というテーマで話したいと思います。

これまでの知識をふまえた上で、あなたは、お金とどうつき合いたいでしょうか？

あなたがやりたいことが何であれ、お金が応援してくれるとしたら、あなたは、どんな

ことを始めますか？

もし、「お金が入ってから、大好きなことを始めようかな」と考えていたら、そのときは、いつまでたってもやってこないかもしれません。好きでもないことをやっている限り、たいしてお金は入ってこないからです。それだと、貯金もできないでしょう。

そうではなく、「大好きなことをやって、お金についてきてもらう」という方法も考えてみましょう。いまは、銀行から借り入れるだけでなく、クラウドファンディングなどの方法もあります。あなたにアイデアと情熱さえあれば、びっくりするぐらい、たくさんの人が応援してくれる時代になりました。

お金をどうするかも大事ですが、「自分が本当は何をやりたいのか？」という人生で大切な問いを自分にする必要が出てきます。

その質問は、「あなたが生まれてきた目的」にも関係してきます。本当にやりたいことさえわかったら、あなたの人生は劇的に変わっていくでしょう。

あなたにとって「お金よりも大切なもの」は何ですか？

この本は、お金をテーマにしていますが、本当に考えてもらいたいのは、「あなたが、これからどう生きるか？」です。

お金は、あなたの生活をサポートするものであって、主人公ではありません。

あなたの本当に生きたい人生って、どういうものですか？

それは、あなたが生まれてきた意味にもつながることです。そして、お金なんかより、もっと大事なはずです。

もちろん、家族、友人など、人間関係を大事にしたいと思っている人は多いでしょう。

ですが、日常の仕事に追われて、本当に大切にしていると言えるでしょうか？

頭では、家族が大切と思いながらも、実際は、仕事に忙しくなりすぎて、家族とコミュニケーションがとれていなかったりするのではないでしょうか？

家族のために一生懸命に仕事していたはずが、その家族と他人みたいになっていたとしたら、それは悲しいことです。

あなたにとって、何が本当に大事なのでしょうか？

これからの10年間、いまと同じ仕事を続けて、あなたは幸せですか？

もし、「それは絶対イヤだ！」と思うなら、今日から、新しい仕事ができないか、考え始めましょう。そこまでイヤではない人も、そこまでハッピーでなければ、最高の未来を想像してみてください。

いまの延長線上には、あなたの最高の未来はないかもしれません。もし、そうなら、何をすれば、あなたが本当に生きたかった人生に移行できるのでしょうか？

いまの経済状態のことを考えなければ、あなたは、本当は何をやりたいのでしょう？

お金は、あなたを応援するために、存在しているのです。

将来のお金のかたち

さて、話はお金に戻りますが、お金は、これからどういう形になっていくのでしょうか？

私は、「お金がこの地球からなくなることはない」と考えています。

というのも、**お金は、誰にとってもすごく便利な道具だからです。**

ただ、お金に対する人の認識や感情は、大きく変わるのではないでしょうか。

つい200年ほど前、紅茶、塩、胡椒《こしょう》といったものは、すごい貴重品でした。

ゴールドと同じぐらいの価値があり、それがきっかけで、戦争が起きたほどです。

しかし、いまでは、塩も胡椒も、ファーストフードのドリンクコーナーに置いてあり、タダで持っていってもいいぐらい、価値のないものになりました。

水もそうです。あなたは、自宅の水道量がどれくらいか、知っていますか？

水道料金という金額ではなく、何リットルという量の話です。１０００人規模の講演会で、「この中で水道料金ではなく、水の使用量を知っている人？」と聞いても、いつも誰も答えられません。一回だけ、水道工事の仕事をしている人だけが知っていました。ちなみに、一般的に、一人一日に２１４リットルの水を使うそうです。

それぐらい、みんな水の使用量には、興味がないのです。私は、数字が大好きなので、ついそういうのを調べてしまうクセがあるのですが、ほとんどの人は、一回トイレを流すのに、何リットルの水が必要で、何円かかるかなんて興味ないでしょう。これも気になっている人のために言うと、一回流すと、8リットルで2円ぐらいかかります(笑)。

どうして、人が水道使用量に興味ないかというと、それが痛みを伴って感じられるほど大きな金額ではないことを知っているからです。水道料金が高くなるのがイヤだから、トイレに行くのを我慢するという人は、まずいないでしょう。

それに比べて、電気代やガス代は、水よりも高いので、どれだけ使ったかに敏感になり、節約しなくちゃと考える人は多いと思います。

お金というものが、生きていく上で「絶対に必要なもの」から、「そんなに大切でない単なる数字」に変わったとき、多くの人にとって、お金に対する優先順位は下がるでしょう。

ＡＩ時代が始まり、多くの仕事のやり方も変わります。単純作業に近い仕事はロボットができるようになり、いまの仕事がなくなります。

でも、生活さえできたなら、そんなに文句を言う人は出てこないのではないでしょうか。ベーシックインカムが導入されていたり、最低限の生活保障がされる国では、人は、サバイバルモードから出ます。世界一周してわかったことですが、北欧やブータンみたいなところでは、人はそこまで恐れていません。病気や失業など、自分に困ったことが起きても、家族、友人、会社、政府の誰かが必ず助けてくれると感じているからです。

いま世界中で研究、開発されているフリーエネルギーが実用化されたら、電気やガスなども劇的に安くなり、無料化していく可能性があります。

そうなれば、使用量を気にしない人が増えるでしょう。住宅も、たとえば今の日本のように人口減少が続けば、全人口以上の部屋があるわけで、そんなにお金がかからずに住めることもわかるでしょう。

エネルギー問題が解決すれば、食費も今ほどかかりません。生存していくためにお金が必要なくなると、もっと人生で大切なこと、アート、演劇、ガーデニングなど、趣味の分野に人類全体の意識が向くでしょう。

これからの数年間は、人類にとっても正念場でしょうが、その先には素晴らしい未来が広がっていると思います。

経済的にいろんなことが起きても、「たかがお金。命まで取られるわけじゃない」と開き直った人が勝ちです。目の前のことに一喜一憂《いっきいちゆう》せず、長い目で人生を見てみましょう。

くれぐれもお金の心配や不安で、心の平安や健康を失わないようにしてください。

まわりの人が右往左往しても、あなただけは余裕を感じて生きることができます。

「いろいろあるかもしれないけど、大丈夫だ」とあなたが考えれば、そうなるのです。

いろんな「お金の流れ」をエネルギーとして感じてみる

少し話題を変えて、お金をエネルギーの側面から見てみましょう。
いま、あなたの日常生活には、どんなお金のエネルギーが流れているでしょうか？
たとえば、あなたの人生に流れているお金は、ハッピーな感じでしょうか？
それとも、あんまり楽しくない感じ、退屈な感じのエネルギーでしょうか？
いまの職場には、イライラしたり、怒りに満ちた空気が流れていますか？
それとも、愛と感謝に満ちたエネルギーがいっぱいでしょうか？
あなたが小さい頃、幸せなお金が流れる家や地域に住んでいましたか？
それとも、悲しいお金やイライラしたお金が流れている場所に住んでいましたか？

どのようなエネルギーが流れているかによって、お金に対する幸福感や人生の質が決まります。あなたの会社や家庭に、楽しいお金が流れていたら、毎日ワクワクしたり、感謝に満ちた感じになるでしょう。

お金を稼ぐということは、お金のエネルギーの新しい流れをつくることです。

お金からすれば、行き先の途中で多少まわり道をしても全然問題ありません。あなたの口座経由で他に行ってもらえばいいのです。

つまり、お金があなたの人生を通り抜けて、別の友人を訪ねていくということです。あなた経由で他に行くかどうかは、お金にとっては同じことですが、あなたにとっては大きな違いになるでしょう。あなたの銀行口座にたくさんのお金が流れてくることは、あなたの人生に大きな影響を与えるはずです。

自分の人生にもっと幸せなお金を招き入れ、新しい流れをつくったり、より大きな流れをつくったりする方法を知っていれば、より簡単に、より早く豊かさを体験することができます。

この幸せなお金のことを「ハッピーマネー」と名づけました。私の英語での最初の著書『happy money』(Simon & Schuster/邦訳『一瞬で人生を変える お金の秘密』フォレスト出版)に詳しく書きましたが、いまは、世界32言語で読まれています。

この本の中でもそのメカニズムについて説明したのですが、あなたがお金を得るためには、あなたが何らかの価値を創造して世の中に提供しなければなりません。

「価値を創造することが、新しいお金の流れをつくる方法」なのです。

それは、あなたの才能かもしれないし、元気かもしれません。自分の持っているものを分かち合うことで、ハッピーマネーの流れのサイクルがスタートします。

愛情をこめて自分の愛を与え、お金を受けとり、それを楽しく使うことによって、豊かさの流れをつくります。これは、ハッピーマネーの最も美しい部分です。

お金の流れを信頼し、必要なときに必要なだけのお金が必ずやってくるというお金への信頼は、あなたを自由にします。

クリエイティブに、自分の最高の資質や才能を表現して、お金を受けとりましょう。

ハッピーマネーを人生に呼び込むために、あなたができる5つのこと

ハッピーマネーを人生に呼び込むために、あなたができることは、たくさんあります。
もっと楽しいお金を招き入れたければ、ふだんの気持ちや行動を変えればいいのです。
あなたの人生に、お金と幸せを呼び込む方法を、これから5つご紹介しましょう。

❶ ありがとうイン、ありがとうアウト
❷ 自分の才能を分かち合う
❸ 愛とやさしさを中心にして、生きる
❹ まわりに応援してもらう

❺ 情熱をもって生きる

一つひとつについて見ていきましょう。

❶ ありがとうイン、ありがとうアウト

さきほどの本の中で紹介しましたが、とても簡単なので取り上げたいと思います。

これは、竹田和平さんから教わったことでもありますが、いま、ハッピーマネーの本とともに、世界中に広がっています。

以前、竹田和平さんに、聞いたことがあります。

「お金持ちになる秘密は何ですか？」

すると、こう答えてくれました。

「**お金に、ありがとうって言うだけでええがね。それだけで、お金も喜んでくれて、いっぱい集まってくれるから**」

そう名古屋弁でニコニコ話し、とても楽しそうだった様子をはっきり覚えています。そうか。お金に感謝を伝えたら、お金も喜んでくれるのか。お金をくれた人間はともかく、お金そのものにありがとうと言う。そして、お金が喜ぶ。すべてが衝撃《しょうげき》でした。

それから、私も、「お金に、ありがとうと言う習慣」ができました。

お金が入ってくるたびに、お金に「ありがとう」あるいは「感謝」と言うだけでいいのです。

それができるようになったら、そのお金を送ってくれた人たち一人ひとりに「ありがとう」とイメージの中で、言ってみましょう。

実際に、お金を払ってくれている取引先や顧客に直接「ありがとう」を言う機会を増やしましょう。あなたを雇い、定期的に給料を支払ってくれる上司、会社に感謝しましょう。

次に、あなたの会社にお金を払ってくれる顧客や、あなたの顧客があなたのサービスを受けることができるように働いてくれている配達の人など、お金の流れのもっと先にいる人たちにも、感謝の気持ちを伝えるのです。

それと同じように、何かにお金を使うとき、請求書の支払いをするとき、あるいは贈り物としてお金を送るとき、感謝の気持ちをこめましょう。

お金に感謝するだけでなく、買った商品やサービスを提供してくれた人に感謝することもできます。

あなたが支払っている光熱費やサービスのおかげで、あなたの生活がとても便利になったことに、感謝する習慣を持つことです。

お金が出入りするたびに、「ありがとう」と言う機会がたくさんあるので、感謝の気持ちを伝えるのに、相当忙しくなるかもしれません。

❷ 自分の才能を分かち合う

自分が世の中に出したエネルギーの質と量の分だけ、あなたは受けとることになります。

それは、お金だけでなく、友情でも、愛情でも同じことが言えると思います。多く与えた人が、多く受けとれるのは、宇宙の法則なのです。

もっと幸せなお金を得たいなら、自分の才能をもっとまわりと分かち合うことです。

英語で才能のことをギフトといいますが、あなたが文字どおり生まれながらにしてもらった贈り物が、あなたの才能です。

それは、努力せずにできて、得意なことで、人を喜ばせられることです。そして、まわりの人が、喜んでお金を払ってもいいと感じるものです。

「自分には特別な才能などない」と思ったり、自分で否定してしまいたくなる人も多いでしょうが、私たちは皆、それぞれユニークな才能を持って生まれてきています。

各自が持って生まれた才能を面白くユニークに組み合わせ、自分なりの方法でその才能を世界に分かち合う方法が見つかると思います。

私たちは、誰でもが複数の才能を持っているため、何から始めたらいいのかわからなかったりします。答えを言うと、どこからでもいいのです。

私の場合、好きな本や映画について誰かに話したり、文章にしたりするのが好きでした。

もし、自分が書いた文章を人に見せなければ、私の数ページのお金に関するエッセイのコピーがクチコミで広がることはなかったし、作家になることもなかったでしょう。

自分の才能を分かち合うことは、心の健康にとっても、とても大切なことです。

私たちが自分の才能を世間から隠すと、それは感情のストレスとになります。

私たちの才能は、それを惜しみなく表現しない限り、逆に苦痛や後悔の源になりかねません。才能を分かち合わない罰《ばつ》のようなものです。

それを私は「才能の呪《のろ》い」と呼んでいます。

あなたがせっかく才能をもらったのに、使わないと、その才能があなたを苦しめることになります。

才能がある人は、どうしても、まわりの人のできていないことが目に入ってしまいます。

そこで、いつもイライラしてしまうのです。

❸ 愛とやさしさを中心にして、生きる

「やさしさ」「親切さ」「思いやり」「気くばり」といったものは、現代で最も過小評価されている人間の特質ではないでしょうか。

学校の通知簿でも、算数、理科、社会、体育などを評価する項目はあっても、その子がどれだけやさしいか、思いやりがあるかに関しては、評価の対象外です。

勉強でいいところがあまりない子どもに対して、「○○君は、やさしいから素晴らしいです」と、慰め程度に書かれることはあっても、そのことが勉強以上に評価されることはありません。

社会人になっても、仕事がどれだけできるかは、評価の対象でも、やさしさや思いやりは、ほとんど評価基準にはありません。人間関係が上手ぐらいではないでしょうか？

でも、結婚相談所などでは違います。

相手に求める性格の項目のトップは、たいてい「やさしい人」です。

ということは、それが人生で最も大事だ、ということをみんな知っているのです。

年収が高くて安定的な仕事をしていることも大事ですが、やさしい人であるというのは、はずせないぐらい大切なのです。

「やさしさ」「思いやり」「親切さ」などが、職場や学校を含むすべての場所で、評価基準になるには、まだしばらくかかるかもしれません。ですが、もうまもなく、もっと評価される時代が来る予感がします。

いまでも、お店とかで、店員さんがやさしくて気持ちのいい対応をしてくれたら、そこで買おうと思いませんか？

また、親切にしてもらったり、やさしい対応をしてくれたりしたので、その店で買った、その店に通うようになったという経験がある人は、多いのではないでしょうか。

顧客満足という堅い言葉ではなく、人の温もりが感じられる接客や対応は、ＡＩ時代になって、ますます評価されることになるでしょう。

あなたが、これから何をするにしても、何を言うにしても、どんな行動をとるにしても、いつも愛とやさしさを心がけましょう。

❹ まわりに応援してもらう

人に何かをあげたり、助けたり、応援するのは得意でも、お願いしたり、サポートしてもらうことが苦手な人は、たくさんいます。あなたも、その一人かもしれません。

自分ひとりで頑張らなくちゃと思うあまり、まわりからの応援を受けることができず、大変な思いをしてしまうのです。

それは、気恥ずかしさだったり、相手に悪いという罪悪感だったり、拒絶されたときにショックだから最初からお願いしない、となってしまったかもしれません。

いずれにしても、一人で頑張っているうちは、何をやってもうまくいきません。どんなことも、たくさんの人のサポートがあってうまくいくからです。

成功した人に対して、「自力で億万長者になった」という言葉が使われることがありますが、そんなことはありえないと思います。

その人を支えてくれる人は、それまでに何十人、何百人もいたはずです。仕事を手伝ってくれる人、関係者、お客さんがいて、はじめてお金が入ってきたのです。

「たくさんの人に助けられたから成功できた。自力では絶対ムリだった」という事実を忘れて傲慢《ごうまん》になってしまうと、いずれは失敗することになるでしょう。

ふだんから、たくさんの人に支えてもらっていることを忘れないようにしましょう。

助けてもらうことは、決して受け身的なことではなく、自分から行動する必要が時にはあります。

「助けてください！」というのは、恥ずかしいかもしれないし、迷惑をかけている感じがするかもしれません。でも、あなたに助けが必要だというのは、まわりからすぐにわかるわけではありません。

あなたもこれまでに、必要なのに、恥ずかしさと怖さのせいで、助けを求められなかった経験が何度かあるかもしれません。

「助けて」と言うのは、時には勇気がいることですが、お願いしてみましょう。

あなたが思っている以上に、喜んで助けてくれる人はいっぱいいます。たくさんの人の好意に癒やされると思います。

❺ 情熱をもって生きる

いま、「あんまり幸せじゃない」と感じているとしたら、それは、ふだん心から楽しいと思うことをやっていないからでしょう。

無感覚に毎日の仕事や雑事に流され、心がワクワクしていないせいかもしれません。

いまの自分の人生に情熱がないのなら、それをどうやって見つけたらいいのか、考えてみましょう。

自分が好きなこと、自分にも他人にも喜びをもたらすことは何か、考えてみるのです。

それは、人と人をつなぐとか、文章を書くとか、料理をするとか、何かをつくるとか、旅するとか、あれこれ考えをめぐらせてみましょう。何をやれば、あなたは「テンションMAX!!」になるのでしょうか?

自分の情熱に従えば、新たなチャンスや扉が開かれ、幸せとお金がもっと自由にあなたの人生を流れるようになります。

情熱的に生きるのは、後悔のない人生を送るための簡単な方法でもあります。自由にイメージしてみてください。

あなたが情熱と喜びをベースに生きようとしたときに、誰も止めることはできません。ですが、変化を望むことなく、いまの生活を維持することを選んでいるのは、自分自身でもあります。自分で自分に新しい人生を生きる許可を与えましょう。

このことに関しての名言があります。

「**人生には、2種類の生き方しかない。**
情熱的に生きるか、それ以外か」

「お金」に制限されない生き方を始めよう

さあ、いま、ここまで読んできて、あなたはどんな気持ちでしょうか。

「お金に対して、イメージが変わった」

「お金を稼いでみたくなった」

「もっと、人生を楽しめそうな気がしてきた」

そんなふうに感じてくださっていたら、著者として最高な気分になります。

なかには、

「まだ、本に出てきたことをやる自信が持てない」

「なんとなくはわかったけれど、具体的には何をしていいかわからない」

という人もいるかもしれません。

でも、そんな人にこそ、「それでもいいんですよ」と私は言いたいと思います。

たとえばダイエットだって、始めたその日から効果が出るということはありません。むしろ、簡単に効果が出るものほど、リバウンドしやすいということもあります。

すぐに効果が出なくても、あなたは、もう新しい一歩を踏み出しています。

そのうち、「そういうことか！」とわかるときが来ます。

ヘレン・ケラーが「水」を理解した瞬間に、すべての謎が解けたように、あなたにも、あるとき、その瞬間が訪れることでしょう。あなたにとって、「お金とは○○だ！」と、いうことが腑《ふ》に落ちたときから、人生はゆっくりと、でも確実に動き出します。

お金にまつわるストレス、思い込み、痛み、トラウマを癒やすと、お金とはまったく関係なさそうな人生の他の分野も、自然と癒やされていきます。

たとえば、幼少期のトラウマから来たお金の傷を癒やせば、両親との関係も癒やすことになります。

あるいは、お金の過去を癒やすことで、羞恥心、憂うつ、不安など、人生の質に深く影響する多くの問題を同時に癒やすことができます。そういうことが、これまで一生つきまとってきた自信のなさの癒やしにつながったりします。

お金は中立的なエネルギーなので、もともとの問題は、お金に関することではなく、人生や自分との関係からやってきています。

私は、お金の癒やしを通して、これまでの人生を癒やす方法を教えるのが大好きです。**お金と上手につき合えるようになると、全体的な幸福度がグーンとアップします。**

お金を癒やすために立ち止まって時間をとらなければ、私たちは恐怖を感じたままか、逆にお金を稼ぐぞ！　という熱意に飲み込まれることになります。

私たちのお金の性格タイプは、お金の問題に直面したときに、その感情をどのように処理し、どのような行動をとるかを決めます。ですが、どの方法を選んでも、最終的に「十分なお金がある」とか、お金から自由になれそうだ、と感じることはできないでしょう。

なぜなら、それは、感情の問題で、お金の問題ではないからです。

自分のお金の性格を知り、まわりの人の性格を観察していくにつれて、なぜ、私たちがそれぞれ違った形でお金に対して反応してしまうのか、わかってきたと思います。誰が正解ということはなく、それぞれの考え方の違い、つまりは個性だと言えるでしょう。

その個性が理解できるようになると、それぞれの行動の奥にある悲しみや子ども時代のドラマが想像できて、その人のことを愛おしく感じるかもしれません。

そうやって、お金に対して理解が深まると、お金に対しての怖さ、不安、心配も、だいぶ減ってくるはずです。

癒やしが進んだ自分の5年後、10年後に何ができそうか、ワクワクしながら理想の未来を想像してみましょう。

あなたは、これまでに何かを決めるとき、お金によって制限されてきたかもしれません。お金がかかるので、やらなかったこと、あきらめたことがいっぱいあったでしょう。そして、お金がかかることを最初から考えないような人間になったかもしれません。

これからは、お金を基準にせず、それが本当にやりたいかどうかを基準にしてください。

お金のことは、その後に考えればいいのです。

何かを買うとき、「安いから」「コスパがいいから」「お得だから」といった理由ではなく、「ワクワクするから」「気に入ったから」「楽しいから」買ってください。

お金の癒やしが進むにつれて、私たちが選ぶ仕事、お金を稼ぐ方法、仕事や個人的な人間関係の癒やしも進むでしょう。

お金の問題がきっかけで出てきていたイライラ、悲しみ、絶望感などを癒やすことで、私たちは、まわりの人と深いつながりも感じられるようになります。

最後に大好きなジョン・レノンの言葉をプレゼントします。

〝あなたは、もっと自由に生きていいんだよ
だって、あなたの人生なんだから〟

本章のまとめ

- お金は、誰にとってもすごく便利な道具だから、なくなることはない
- お金を稼ぐということは、お金のエネルギーの流れをつくること
- お金の流れを信頼し、必要なときに必要なだけのお金が必ずやってくるというお金への信頼が、あなたを自由にする
- たくさんの人に支えてもらっていることへの感謝を忘れない
- 自分にも、まわりの人にも、喜びをもたらすことを始める

おわりに――今日から、本当の自分の人生をスタートさせよう

この本を最後まで読んでくださって、ありがとうございました。

本を買っても、ここまでたどり着く人は、なかなかいないのです。ですから、ここまで読んでくださったあなたには、心からの感謝を申し上げたいと思います。私が「お金について知ってもらいたいこと」をお伝えできて嬉《うれ》しく思います。

お金をもっと欲しいと思いながらも、お金に抵抗を感じてきた方は、自分がなぜそう感じるのかがわかって、少しすっきりしたのではないでしょうか？

お金のゲームを無理やりさせられている違和感をずっと感じていた方は、「それで、社会に対して、不信感や怒りがあったのか」を理解できたと思います。

また、仕事で頑張っても頑張っても終わりがないと感じていた方は、その理由が「お金のゲームに終わりがないからだった」ためだと、合点がいったことでしょう。

お金のタイプの説明も、面白かったのではないでしょうか。あなたが、なぜ心配性になったのか、浪費家や節約家タイプになったのか、理解できたかもしれません。

また、同時に、もともとの家族やパートナーが、なぜ自分と違うのか、ずっとイライラしていたのが、単にお金のタイプが違ったからだとわかれば、楽になったことでしょう。

これから、世界的に大きな変化が起きそうですが、お金のルールを学び、時代を超えて通用する法則を身につけ、信頼できる仲間がいれば、怖いものなしです。

世界中で銀行が潰《つぶ》れたり、いままで価値があると思っていたものの価値がなくなったりして、ショックを受ける人も出てくるでしょう。

でも、自分の才能を活《い》かした仕事をやって、お客さんとの深いつながりを持っている人は、何も心配することはありません。

逆に、お金もないし、人とのつながりもない人は、遅くはありません。いまからでも、人とのつながりを大切にすることです。自分ができそうなことをやり、それをすることで誰かに役に立つようになりましょう。

頼まれたことは、自信がなくてもとにかくやってみる。怖いなと思っても、それをやるようにすれば、たった数ヶ月であなたの人生は変わっていくはずです。

一生懸命やっている人には、応援してくれる人が集まってきます。

これからの時代は、お金が銀行にあるよりも、その人のことを大切に思ってくれる人が数人いるほうが、豊かな人生になるでしょう。

新しい時代は、同じような考え方を持つ人がグループになって、支え合って生きていくようになると思います。安心して何でも話せて、自由に挑戦したり、夢を追いかける人生を生きてください。あなたのことが大好きな、あなたの仲間を探しましょう。

あなたの幸せを心から祈っています。

講演で訪れたシンガポールにて

本田 健

著者プロフィール

本田 健
Ken Honda

神戸生まれ。2002年、作家としてデビュー。代表作は『ユダヤ人大富豪の教え』『20代にしておきたい17のこと』など、累計発行部数は800万部を突破している。2019年、初の英語での書き下ろしの著作『happy money』を米国・英国・豪州で同時刊行。これまでに32言語50ヵ国以上の国で発売されている。現在は、世界を舞台に、英語で講演、執筆活動を行っている。

本田健公式サイト
https://www.aiueoffice.com

Ken Honda Official Website
【English】https://www.kenhonda.com
【Chinese】https://www.kenhonda.cn

いま、お金について
知っておきたい6つの教え

2023年11月10日　第1刷発行
2023年11月20日　第4刷発行

著　者　　　本田 健
発行者　　　櫻井秀勲
発行所　　　きずな出版
東京都新宿区白銀町1-13　〒162-0816
電話03-3260-0391　振替00160-2-633551
https://www.kizuna-pub.jp/

印刷　　　　モリモト印刷
ブックデザイン　西垂水敦・市川さつき（krran）

ISBN978-4-86663-196-7